A QUESTION OF BALANCE

Report of the Task Force
on the Canadian Magazine Industry

Canada

Also available in alternative formats

© Minister of Supply and Services Canada 1994
  Cat. No. Co22-137/1994
  ISBN 0-662-60308-7

March 1994

The Honourable Michel Dupuy
Minister of Canadian Heritage
Ottawa

Dear Mr. Dupuy:

We are pleased to submit to you the following report and recommendations on measures to support the government's policy objectives for the Canadian magazine publishing industry.

During the course of our work as co-chairs, we benefited immeasurably from the experience and thoughtful comments of the following advisory members of the Task Force on the Canadian Magazine Industry:

Lynn Cunningham	School of Journalism, Ryerson Polytechnic University, Toronto, Ontario
Neville Gilfoy	Publisher, JPL Publishers Ltd., Dartmouth, Nova Scotia
Doreen Guthrie	Consumers Association of Canada, Ottawa, Ontario
Hank Intven	McCarthy Tétrault, Barristers and Solicitors, Toronto, Ontario
Robert Johnstone	Consultant and advisor on Trade Policy, Toronto, Ontario
Michel Lord	Vice-President (Communications and Public Relations) Bombardier Inc. (formerly President of the Economic Division of Publications Transcontinental Inc.), Montreal, Quebec
John Sinclair	President, Institute of Canadian Advertising, Toronto, Ontario

We are grateful for their assistance. In accordance with our mandate, however, it is the task of the co-chairs to prepare this report.

Yours truly,

_____
J. Patrick O'Callaghan

_____
Roger Tassé

■ ACKNOWLEDGEMENTS

As co-chairs of the Task Force on the Canadian Magazine Industry, we appreciate the assistance given to us by a great many people knowledgeable about various aspects of our mandate.

First and foremost, we would like to express our appreciation for the invaluable work of the advisory members of the Task Force. Each of them contributed expertise and an informed perspective that were essential to the development of our recommendations. They gave generously of their time and knowledge. Without their constructive participation, what was a daunting task would have been an impossible one.

The advice and information contained in briefs and letters to the Task Force gave us a better understanding of this complex industry. We also learned a great deal from the many representatives of the publishing, advertising and printing industries who met with us from Vancouver to Halifax. We would like to thank those individuals, businesses and associations who expressed interest in our work and took the time to share their ideas with us. Their efforts increased our awareness and sensitivity to the issues involved.

We are also indebted to C. Leigh Anderson, D. Hennes and P. McIntyre for their informative study of the Canadian advertising market, and to M.C. McCracken, R.A. Jenness and N.D. Cebryk of Informetrica for their detailed analysis of the economics of the Canadian magazine industry.

Many officers of the Public Service of Canada provided technical and professional advice on numerous matters. Their co-operation and guidance have been extremely helpful throughout our work. We would particularly like to thank officials of the departments of Foreign Affairs and International Trade, National Revenue, Industry, Finance and Canadian Heritage.

Finally, we gratefully acknowledge the valued assistance of Ross Hornby (legal advisor to the Task Force), Michael O'Byrne, Jean-Pierre Fournier and Monique Rose-Gagnon in the preparation of this report. In particular, we would like to single out our deep appreciation for the dedication, diligence and hard work of Margaret Mitchell who, as Secretary to the Task Force, assisted us at all stages of our endeavour and who cheerfully spent countless hours in the preparation of this report.

■ *EXECUTIVE SUMMARY*

- As a country, we must continue to find ways to maintain a place for the rich tapestry of ideas and information we now have in Canadian periodicals, while at the same time welcoming foreign magazines.

- Canadian magazines are an essential part of Canadian cultural development. They are one of the "vital links" that permit Canadians to exchange their ideas and information with one another. They allow us to see ourselves and the world through Canadian eyes.

- Since 1965, there have been two legislative measures in place to support the Canadian magazine industry: section 19 of the *Income Tax Act* and Customs Tariff Code 9958. The objective of both measures was to ensure an adequate flow of advertising revenues to support a vibrant Canadian periodical industry.

- These instruments of public policy have in large part been successful. However, technological developments and an increasingly global trading environment have meant that these two measures, in place for almost 30 years, are no longer fully adequate to meet the policy objective for which they were designed.

- The mandate of the Task Force on the Canadian Magazine Industry was to recommend ways in which current measures could be brought up-to-date. We were also charged with recommending possible new measures in furtherance of the government's long-standing policy objectives.

- In developing its recommendations, the Task Force looked at the economics of magazine publishing generally, at the Canadian advertising market for magazines, and at the business environment for Canadian periodical publishers. On the basis of this information, we then assessed the potential impact on Canadian magazines of Canadian editions of foreign magazines (commonly referred to as split-runs) entering the Canadian advertising market.

ECONOMICS OF THE INDUSTRY

- It is clear from our analysis of the industry that there is an essential connection between circulation, advertising revenue and editorial content: the larger the circulation, the more advertising a magazine can attract; the greater the advertising revenue, the more it can afford to spend on editorial content; and the more it spends, the more likely it will be attractive to readers, with the result that the circulation will grow. This spiral can also work the other way. Decreasing any element will decrease the other elements also.

- Our research showed the Canadian magazine publishing industry to be complex and multifaceted, with a wide range of choices for readers. The size and profitability of magazines are necessarily constrained by a small potential circulation base, which in turn limits the potential revenues.

- There are now more than 1,400 magazines in Canada, with editorial pages containing ideas and information that are the page equivalent of 2,500 books per year. While editorially rich and diverse, the Canadian industry is not on a strong economic footing.

- In 1992, more than half of the magazines had no operating profit; the average operating profit for the industry as a whole was only 2.36 per cent.

- There is nothing in our research that would lead us to believe that policy measures currently in place have made the Canadian industry any less efficient or profit-conscious than its foreign counterparts.

THE ADVERTISING MARKET

- The Task Force is persuaded of two important points, on the basis of its analysis of historical trends coupled with a review of emerging trends in the advertising marketplace:

  - The amount of money spent by advertisers to reach the Canadian consumer is not likely to grow; and

  - Within the Canadian advertising market, it is extremely unlikely that the share held by periodicals will increase.

THE BUSINESS ENVIRONMENT

- There are both constraints and public policy measures that affect the business environment for Canadian publishers:

  - Some of the constraints are: the massive penetration of the Canadian market by imported magazines; the relatively small size of the Canadian population; the openness of Canadians to foreign cultural products, particularly film and television; the effect of the cover prices of imported magazines on the Canadian price structure; newsstand competition from foreign magazines; the impact of overflow advertising on the potential advertising market in Canada; and the Canadian prohibition on tobacco advertising.

♦ The public policy measures are: two legislative policy instruments (section 19 of the *Income Tax Act* and Tariff Code 9958); the postal subsidy; and some grants.

• Until recently, with constraints on the one hand and public policy measures on the other, there has been a fragile equilibrium in the industry.

THE POTENTIAL IMPACT OF SPLIT-RUNS

• Should split-runs of foreign magazines enter the Canadian advertising market, some Canadian magazines would simply stop publishing altogether and others, in attempting to stay competitive, would reduce the budget for quality editorial. The number of editorial pages would decrease, and circulation would decline because of the perception that the magazine had lowered its editorial standards of quality. The end result would soon be evident: a downward spiral.

• The viability of the Canadian periodical publishing industry would clearly be at risk should the impact of foreign split-runs indicated by the model used in the Task Force's research be borne out.

• The Task Force concluded that, while the numbers arrived at in the research analysis are necessarily hypothetical, the threat outlined is real.

• The consequences for the Canadian magazine industry and thus for Canadian cultural development would be very serious if steps are not taken to maintain the structural support necessary to continue to meet the government's long-standing policy objective for Canadian magazines of ensuring that they have adequate access to advertising revenues.

STRIKING A BALANCE

• As a trading nation, Canada has an interest in open international markets. At the same time, it is government policy to promote the development of a distinctive Canadian identity and culture.

• It is possible to strike a balance between Canada's international trade commitments and our legitimate concerns about cultural development. We have developed our recommendations accordingly.

• In order to meet our objective of strengthening the Canadian magazine industry while respecting Canada's international trade obligations, we have chosen to promote the development of original editorial content, regardless of country of origin, over recycled editorial material that is commonly found in split-runs. Although this focus on original content goes beyond a narrower interest in Canadian content, it will assist the Canadian magazine industry without running afoul of trade rules that prohibit discrimination.

- In other words, although it is quite obvious that the Task Force is concerned with the survival of magazines expressing a Canadian perspective and view of the world, it believes that the best way to achieve that objective is to promote original content, regardless of country of origin.

A RENEWED FRAMEWORK OF SUPPORT

We have recommended the following measures:

1. *EXCISE TAX ACT*

Recommendation: *that an excise tax be imposed on a magazine or periodical distributed in Canada that contains advertisements primarily directed at Canadians and editorial content which is substantially the same as the editorial content of one or more issues of one or more periodicals that contain advertisements that, taken as a whole, are not primarily directed at Canadians. The tax would be payable by the printer or distributor of those magazines.*

This tax would be levied on a per issue basis in an amount equivalent to 80 per cent of the amount charged for all advertising appearing in that issue. The amount charged for all advertising would be determined by multiplying the publicly advertised single-insertion page rate by the number of pages of advertising appearing in the issue.

Exemption: *Magazines that otherwise would be subject to the proposed tax as of the date of this report should be exempt at the number of issues per annum that were distributed in Canada in the year preceding this report.*

2. *INCOME TAX ACT*

Recommendations:

a. *that the* **Income Tax Act** *be amended to require periodical publishers operating in Canada to file an annual information return that reports the ownership and editorial content for each title published in Canada;*

b. *that Section 241 of the* **Income Tax Act** *be amended to allow the Department of National Revenue annually to make public a list of periodicals that conform to section 19, compiled from publishers' annual information returns;*

c. *that the Department of National Revenue and the Department of Canadian Heritage enter into an administrative agreement under which the latter will review for accuracy, prior to its being made public, the list referred to in (b) above;*

d. *that an anti-avoidance measure be added to section 19 to authorize the Minister responsible for the Act to determine whether in fact a newspaper or periodical is Canadian-owned; and*

e. *that the Department of National Revenue, in collaboration with the Department of Canadian Heritage, issue an information bulletin to ensure that advertisers and advertising agencies are aware of the provisions of section 19.*

3. TARIFF CODE 9958

Recommendation: *that Tariff Code 9958 be conserved in the same form it has had since 1965.*

4. INVESTMENT MEASURES

Recommendation: *that the **Investment Canada Act** be amended to provide that, when the Minister responsible for that Act issues an opinion or takes any step or makes any recommendation in connection with matters relating to Canada's heritage or national identity concerning magazines or periodicals and the applicability of the **Investment Canada Act**, he or she do so with the concurrence of the Minister of Canadian Heritage.*

5. GOODS AND SERVICES TAX

Recommendation: *that if the government's review of the Goods and Services Tax results in a new tax regime that includes exemptions, the government consider eliminating federal sales tax on all reading materials, including magazines.*

6. POLICY DIRECTIONS RESPECTING GOVERNMENT ADVERTISING

Recommendation: *that the federal and provincial governments, their agencies and corporations, make every effort to support the Canadian magazine industry by placing magazine or periodical advertisements directed at the Canadian market in a way that is consistent with federal government policy regarding Canadian periodical publishing.*

7. *PROVINCIAL GOVERNMENT MEASURES*

Recommendation: *that the governments of the provinces take measures within their jurisdiction to support a viable Canadian magazine industry, including measures that will address the problem posed by the publication and distribution of split-run editions.*

8. *THE POSTAL SUBSIDY*

Recommendation: *that the federal government maintain the current level of financial support it provides to Canadian paid-circulation periodicals to ensure that Canadians from all areas of the country have access to the Canadian paid-circulation periodicals of their choice at affordable cost, whether through a postal subsidy or an alternative program to assist in the distribution of these periodicals.*

9. *THE CULTURAL INDUSTRIES DEVELOPMENT FUND*

Recommendations:

a. *that the Federal Business Development Bank discuss with the industry and with the Department of Canadian Heritage how it can make the Cultural Industries Development Fund (CIDF) fully effective for the Canadian periodical publishing industry;*

b. *that the Canadian magazine industry actively draw on the resources of the CIDF to the fullest extent possible; and*

c. *that the Management Counselling Program within the CIDF be established at a level of at least $500,000 annually.*

10. *PRIVATE SECTOR MEASURES*

Recommendation: *that the Canadian magazine industry continue to take steps to improve knowledge among advertisers and advertising agencies of the advantages and benefits of advertising in Canadian magazines and the uniqueness of the market access they provide.*

11. *LOOKING FORWARD*

Recommendation: *that, no later than the end of this century, the Government of Canada establish a formal procedure, such as a Task Force, to review the effect of our recommendations and to assess what new measures are needed, if any, to promote the Canadian magazine industry.*

TABLE OF CONTENTS

TABLES

■ CHAPTER I

A CRITICAL JUNCTURE

INTRODUCTION

Magazines help foster in Canadians a sense of ourselves. They enable us to see ourselves as no others see us. Like the image in a mirror held in our own hands, they give us an unclouded vision of ourselves. They also enable us to view the rest of the world from a Canadian standpoint.

Like other forms of communication, they are "the thread which binds together the fibres of our nation," observed the O'Leary Royal Commission on Publications in 1961.[1] "They can protect a nation's values and encourage their practice. They can make democratic government possible and better government probable. They can soften sectional asperities and bring honourable compromises. They can inform and educate in the arts, the sciences and commerce. They can help market a nation's products and promote its material wealth. In these functions it may be claimed — claimed without much challenge — that the communications of a nation are as vital to its life as its defences, and should receive at least as great a measure of national protection."

THE ROLE OF MAGAZINES

Because their role is to synthesize, expand and comment upon information, rather than simply report it, magazines add an element of reflection to the abundance of information we are presented with by the instant media. They blend knowledge, entertainment and ideas, and are both timely and enduring. Free from daily deadlines, magazines can bring a more balanced perspective to issues unfolding too rapidly for controlled understanding or pinpoint accuracy on a day-to-day basis. History in the making does not allow for daily judgement.

"Other media diffuse information, but magazines bring it into focus and make it memorable," writes Robert Fulford in a recent publication of Magazines Canada.[2] "They process information until it becomes knowledge. They create order from the chaos of data around us and find meaning we might otherwise miss."

Canadian magazines are also a proving ground for writers and artists. Some 92 per cent of the editorial content of Canadian magazines is written in-house or by Canadian freelance writers. Similarly, 92.7 per cent of the illustration and photography in

---

[1] *Report of the Royal Commission on Publications,* Chairman Grattan O'Leary. Ottawa: Queen's Printer, May 1961, page 4.

[2] *Magazine Magic: A Celebration of Magazines and Advertising.* Toronto: Magazines Canada, page 8.

Canadian magazines is produced by Canadians. When Canadian magazines are forced to cut their costs, it is the creative people who often feel the brunt. This is a problem of a different dimension in the making because, when magazine work gets scarce and freelance fees shrivel, the senior writers move on to more lucrative employment and the more junior writers tighten their belts another notch or two. The plight of writers and artists would need a special study of its own.

CANADIAN MAGAZINES: FILLING A NEED

In the past three decades, Canada's English-language and French-language periodicals have flourished creatively and, to some extent, economically. The O'Leary Commission noted that, in 1956, there were 661 periodicals published in Canada.[3] By 1992, the Canadian periodical industry produced 1,440 titles, had revenues of $846.4 million and employed 6,273 people directly, with 4,046 volunteers in addition to many freelance writers, photographers and illustrators.

Canadians are reading more Canadian magazines now than ever before. At the time of the 1961 Royal Commission on Publications, roughly 25 per cent of the magazines circulating in Canada were Canadian; as of 1992, that had increased to almost 68 per cent.

The number and range of magazines reflect the concerns and tastes of Canadians. All regions and most large metropolitan areas boast their own magazines. There is a Canadian periodical to serve almost every interest group — economic, professional, artistic, scholarly, religious or recreational.

Large consumer magazines let their readers see behind the scenes of business and politics, explore new trends and probe social changes. They increase national understanding of regional issues and translate national issues into meaningful regional terms. They exalt Canadian accomplishments and delve into the roots of our fortunes and misfortunes, profile the great and the small as well as Canadians who, at home and abroad, make a difference in our daily lives.

Women's magazines deserve much of the credit for the tremendous advances recorded by Canadian women in the past half century. They have often been at the forefront of the campaign for equality and women's rights, ensuring that women from coast to coast to coast are aware of issues of importance to them. In all, they promote understanding and appreciation for different perceptions and concerns.

---

[3] *op. cit.*, p. 207.

The business press permeates nearly every field of professional endeavour — the media, finance, small business and industry. It provides information on products and services, cues its readers to changes in the market and enables them to keep abreast of the competition. It provides them with information on the global trade situation from a Canadian point of view.

In addition, there are entertainment, literary and popular scientific publications catering to every taste and interest. Smaller, specialized magazines bind subcommunities — food and art lovers, wildlife and aviation enthusiasts, antique dealers and environmentalists, seniors and scientists.

Canadian magazines do not have an easy job. They face stiff competition for readers from foreign magazines circulating in Canada. Aside from its own efforts, the Canadian industry's relative success is due in part to government measures designed to ensure that Canadian periodicals have access to the domestic market for advertising.

PUBLIC POLICY IN PERSPECTIVE

Although the free-market economy has served Canadians well, and is the source of much of our present-day prosperity, history shows that Canadian governments have not balked at intervening in the economy when national interest demanded it. Government thus assisted in the building of the railway in the last century, and the extension of communications networks across the country in this century. Governments have intervened in the cultural industries in order to promote a sense of Canadian identity. The CBC is one notable example. So too is government support of the domestic magazine industry.

From the time of the O'Leary Royal Commission, with its mandate to find ways of furthering the development of a Canadian identity through a genuinely Canadian periodical press, and the Special Senate Committee on the Mass Media chaired by Senator Keith Davey that reported in 1970, successive federal governments have recognized the importance of a Canadian magazine industry in the affirmation of a unique Canadian personality.

A number of measures in support of the magazine industry reflect this recognition. Reduced postal rates have ensured the low-cost distribution of periodicals; fiscal measures have encouraged Canadian advertisers to use Canadian magazines to reach Canadian readers; a customs tariff has barred non-Canadian magazines with advertising directed at Canadians from entering Canada; and financial support has been granted to a wide array of non-commercial cultural and scholarly publications.

These measures helped Canadian periodicals to survive in a difficult competitive environment, guarding against the risk of losing the sense of ourselves that we gain through magazines. Helpful though they have been to secure a viable Canadian industry, questions have now arisen concerning the adequacy of existing government support measures to maintain Canada's long-standing policy objectives.

Before Tariff Code 9958 was introduced in the mid-1960s, virtually all foreign magazines containing advertisements directed at Canadians would have been printed in the country of origin and imported into Canada for distribution. After the mid-1960s, Tariff Code 9958 prohibited the importation of magazines containing advertisements directed at Canadians. It authorizes Canada Customs to stop the entry into Canada of the subsequent four issues of a magazine after the publication of an issue that did not conform to the rules. This effectively discourages foreign magazines with Canadian advertising, or split-runs, from entering Canada.

Technological progress has changed the dynamics of printing. Electronic data transmission now allows publications to cover great distances via satellite or dedicated phone lines rather than travel as finished products. Page proofs can be digitized and electronically transmitted directly to a Canadian printer without physically crossing the border as a completed product, thus bypassing Canada Customs. As a result, the customs tariff, by itself, can no longer implement Canada's long-standing policy on split-runs.

These changes, along with an evolving international economic and regulatory environment, have altered the context for existing policy instruments and have led directly to the call for a reappraisal of them, and to the conferral of a broad mandate on the Task Force to review federal measures in support of Canadian magazine policy.

THE MANDATE OF THE TASK FORCE

The government asked the Task Force to undertake a review of federal measures to support the Canadian magazine industry with a view to making recommendations that will enable it to carry through effectively on its policy objective of ensuring that Canadians have access to Canadian information and ideas through genuinely Canadian magazines.[4]

More specifically, the government asked the Task Force to recommend ways in which the two legislative measures whose purpose is to ensure an adequate flow of advertising dollars to

---

[4] The terms of reference for the Task Force on the Canadian Magazine Industry can be found in Appendix 3.

Canadian magazines could be brought up-to-date. The Task Force was also charged with recommending possible new measures in furtherance of the government's policy objectives.

While the mandate of the Task Force is broad, we quickly came to realize that Canadian regional editions of foreign magazines, or split-runs, pose the most serious and immediate problem to the Canadian industry. We therefore focused our attention on the problem of assuring Canadian magazines an adequate flow of revenues from advertising directed at Canadians.

Given the urgency of the situation, we presented the Minister of Communications with an interim report on May 31, 1993.[5] In that report, we recommended that the government make "a clear public statement reaffirming its long-standing policy objectives for the Canadian magazine industry, with particular reference to split-run or "Canadian" regional editions sold in Canada with advertising aimed primarily at a Canadian audience." We also recommended that "the *Related-Business Guidelines* under the *Investment Canada Act* be amended to clarify the situation of magazines or periodicals not already being published in Canada."

The government moved swiftly on both recommendations on July 19, 1993, to give full backing to these essential first steps to reaffirm existing policy support to the Canadian magazine industry. The government response is attached as Appendix 5.

We then turned our attention to studying the current state of the Canadian magazine industry and its market structure, and the Canadian advertising market and its importance to the magazine publishing industry. To that end, we commissioned two research projects: one on the Canadian magazine industry and its cost structure;[6] and one on the Canadian advertising market.[7] Our conclusions take into account the results of these two studies and the information we received from many representatives of Canadian publishing, advertising and printing industries, either in person or through their briefs.

This report describes our findings and sets out our recommendations for a renewed framework of support. To provide a context for the recommendations, we describe, in Chapter II, the periodical publishing industry and how it works. This is followed in Chapter III by a description of the advertising market for Canadian periodicals and an analysis of the trends in that market. Chapter

---

[5] The interim report of the Task Force is attached as Appendix 4.

[6] *The Canadian Periodical Publishing Industry: An Overview.* Prepared by N.D. Cebryk, R.A. Jenness and M.C. McCracken of Informetrica Ltd. Ottawa: February 10, 1994.

[7] *An Analysis of Advertising Revenues to the Canadian Magazine Industry: The Effect of Foreign Split-Run Magazines.* Prepared by C. Leigh Anderson with the assistance of David Hennes and Patrick McIntyre. Ottawa: January 19, 1994.

IV describes the business environment for Canadian periodical publishers. We proceed, in Chapter V, to discuss the potential impact of split-runs, in order to assess the importance of the problem and recommend measures that are commensurate with it. No assessment of these issues would be complete without considering, as we do in Chapter VI, the importance of striking a balance between Canada's international obligations and the aspirations of Canadians for their own cultural development. Finally, in Chapter VII, we set out our recommendations for government action.

■ CHAPTER II

THE ECONOMICS OF PERIODICAL PUBLISHING

INTRODUCTION

The question we must answer in responding to our mandate to recommend ways to update existing policy instruments and propose new measures in support of the Canadian magazine industry is this: Is government support necessary to ensure that a Canadian periodical publishing industry will be able to continue to meet the needs of Canadian readers? If so, what kind of support?

Clearly, before arriving at any conclusions to these questions, it is important to know more about the Canadian industry. The purpose of this chapter, then, is to provide some basic information on the economics of periodical publishing, its products, markets and the cost structure of its businesses. In this context, it is necessary to take a closer look at some specific information about the publishing industry in Canada. The chapter also reviews available information about the periodical publishing industry in the United States in order to view the Canadian industry from a comparative perspective.

MAGAZINES OR PERIODICALS?

First, it is useful to be clear about the meaning of the terms under discussion. The Task Force was given a mandate to study the Canadian "magazine" industry, but Statistics Canada collects data on "periodicals". In our report, we use these terms interchangeably to describe a publication that appears at regular intervals and contains articles, stories and sometimes illustrations.

The Statistics Canada definition used in the *Periodical Publishing Survey* is "a medium of communication" that:

- is directed to the general public, or to consumers with special, personal, business, hobby or leisure interests, or to readers in specialized business, trade or professional markets;

- is issued on a regular basis, more frequently than once a year, but not more than once a week;

- has a name and some form of chronology on the cover;

- is printed on newsprint, coated stock or some other grade of paper; is stapled, glued, folded or otherwise formed into a distinct package, and is produced in magazine, digest, tabloid, broadsheet or some other size;

- does not contain more than 70 per cent advertising;
- is available to the public.

Government periodicals are excluded by definition from the survey, as are newsletters, community newspapers, directories, flyers and catalogues.

Statistics Canada data divide periodicals into six categories: general consumer, special interest consumer, business or trade, farm, religious and scholarly.

General consumer magazines (e.g., *Maclean's, L'Actualité*) are aimed at a general audience or a large portion of the market. Special interest consumer periodicals (e.g., *Hockey News, Coup de pouce, Flare*) are directed to specific groups. Business or trade periodicals (e.g., *The Canadian Architect, Masthead, L'Automobile*) deal with processing, manufacturing, management, sales or operations of industries or a specific industry, occupation or profession. They are published to interest and assist persons actively engaged in the field that they cover. Farm periodicals (e.g., *Grainnews, Le Coopérateur agricole, Country Guide*) deal with agriculture, including animal farming. Religious periodicals (e.g., *The United Church Observer, L'Oratoire*) are primarily concerned with religious matters. Scholarly periodicals (e.g., *Actualité économique, Canadian Journal of Mathematics, Études internationales*) present the results of research or advance knowledge in a specific field.

A national edition of a periodical covers the entire national market. A regional edition is circulated only in a specific region, with advertising directed specifically to that region and possibly some editorial content tailored to the regional audience.

Both Canadian and foreign magazines currently have regional editions in their respective home markets. This is a means of making their publications more attractive to a wider range of advertisers, enabling some advertisers to reach specific audiences at a lower total cost than placing a national ad.

Canadian Living magazine, for instance, publishes a national edition in which advertising can be purchased to reach readers in all parts of the country. It also offers advertisers the possibility of purchasing advertising that will reach only, for example, British Columbia readers. This regional advertising may cost more per reader, but it is less expensive than purchasing space in the national edition, which reaches all Canadians, when only B.C. consumers are the target of the advertisement.

Canadian editions of foreign periodicals treat Canada as a region of their own national market of the magazine. The editorial content of the Canadian edition is minimally, if at all, different from the editorial content of the foreign edition, but its advertising is purchased to reach a Canadian audience. The term "split-run" is often used in Canada to refer to such a Canadian regional edition, and has been used in this way throughout this report.[8]

TWO STREAMS OF REVENUE

Magazines have two basic clients, the reader and the advertiser; and two main streams of revenue, circulation and advertising. There is a fundamental symbiosis between these two elements, as the *Report of the Royal Commission on Publications*[9] pointed out: "Behind all this is an important spiralling action, fundamental to periodical publishing: the larger a periodical's circulation, the more advertising it can attract; the greater its advertising revenue, the more it can afford to spend on editorial content; the more it can spend on editorial, the better are its chances of obtaining more circulation."

This is a positive description of the spiralling action; the same interaction can produce negative results. The lower the advertising revenue, the less a magazine can afford to spend on editorial content; the less it spends on editorial content, the less likely it is to maintain circulation; and reduced circulation will make it less attractive to advertisers.

This cycle is somewhat less pronounced for trade publications, as they generally have a predetermined circulation base. Nonetheless, there is still a clear connection between a trade magazine's ability to attract advertising revenues and the quality and amount of editorial content that it can maintain.

CIRCULATION REVENUE

Circulation is crucial to advertisers and thus to advertising revenue. If it is paid circulation, it can represent an important part of magazine revenue. Circulation revenue accounted for $245.8 million, or 29 per cent of the total revenue of Canadian magazines in 1991-1992. To put this in perspective, Canadian magazines have roughly a 25 per cent[10] share of all circulation revenue earned in the Canadian market.

Circulation revenue is the money that readers pay to purchase magazines. A reader's decision on whether or not to buy a particular magazine is based on whether one magazine is worth

---

[8] The term "split-run" is used in the United States to refer to the practice of running two different advertisements for the same product in the same issue to test for varying responses.

[9] *op. cit.*, page 28.

[10] It should be noted that it is difficult to establish exact market share of circulation revenue. This percentage is an approximation of the share of the "consumer" dollar spent on magazines that accrues to Canadian publishers.

more to the reader than some other magazine. Selection is a complex process, based mainly on editorial content, design and price. Common sense would suggest that, all things being equal, the reader will be inclined to choose the magazine that, for an equivalent cover price, is thicker, has more editorial content and a stronger visual impact.

Magazines can be sold on newsstands, through subscriptions or distributed at no cost to selected consumers. Consumers may be Canadian individuals, households, businesses, members of associations and other organizations.

Newsstands

For newsstand sales, the publisher or distributor arranges for copies to be shipped from the printer to a wholesaler who, in turn, delivers them to retail outlets. Copies not sold by the time of the next issue are returned by the retailer to the wholesaler for credit. The percentage of magazines sold (sell-through) varies considerably from one magazine to another and for particular issues of the same magazine. A sell-through rate of 60 per cent to 70 per cent is considered very good; 40 per cent to 45 per cent is the average. The retailer receives about 20 per cent of the cover price for issues sold. The wholesaler and distributor share 30 per cent, and the publisher receives about 50 per cent of gross sales.

Canadian English-language publications face tough competition on newsstands; they account for only 18.5 per cent of English-language magazines distributed on newsstands, where space is dominated by foreign publications. Canadian French-language publications account for about 95 per cent of all single-copy or newsstand sales of French-language magazines in Canada. For Canadian magazines, approximately 10 per cent of English-language and 27 per cent of French-language magazines are sold on newsstands. By contrast, 89.3 per cent of all imported consumer magazines are destined for newsstands.

Newsstand sales are an important source of potential magazine subscribers. The renewal rate after the first year for subscriptions based on coupons in newsstand copies is approximately 20 per cent higher than for subscriptions based on other means of attracting new readers. A stable subscription base attracts advertisers, as well as providing some stability in demand.

Subscriptions

Subscriptions are the main source of circulation revenue for most Canadian magazines. For every Canadian magazine sold on a newsstand in 1991-1992, approximately 7.5 were sold by subscription.

Subscriptions are either handled directly by the publisher or through a "fulfilment house", which takes on the responsibility of distributing the magazines, updating mailing lists and sending out renewal notices.

A large subscription base provides the publisher with stability, helps in scheduling production runs and is particularly important for cash flow, since most subscriptions are paid in advance or early in the subscription period. The subscription base also attracts advertisers, as advertisers in any medium are interested in knowing the number and characteristics of potential consumers that their advertisements will reach.

The annual subscription rate is usually discounted from the cost of buying all issues at the newsstand cover price. Since the publisher is not giving up the distribution and retail margins, there is room for such a discount. At the same time, the publisher must factor in the costs of delivery, maintaining the mailing list and renewal (fulfilment) costs.

Obtaining and retaining subscribers is an ongoing activity for most periodical publishers. Direct mail and coupons inserted in newsstand copies have been the most common means of soliciting subscribers. More and more larger magazines, however, are turning to other media, particularly television, to solicit subscriptions to their magazines.

Other Means of Distribution

Many magazines are distributed free to customers who make up a target group of particular interest to their advertisers. Called "controlled circulation", this method of distribution is common for trade magazines serving specific industry segments.

Controlled distribution can be achieved through insertion in a newspaper (e.g., *TV Weekly*), home delivery by flyer distributors, bulk delivery to retail outlets for placement in a stand or in a box on the street, or simply through the mail.

About 72 per cent of all Canadian business/trade publications are distributed without cost to the reader. With virtually no circulation revenue, these magazines must rely almost entirely on advertising revenues.

ADVERTISING REVENUE

If readers are essential for magazines to prosper, so are the other major clients of the magazine, businesses and organizations that advertise their products and services. Advertising revenue is crucial to most magazines. It supports the cost of the editorial content and makes it possible for the publisher to provide the magazine at rates a reader can afford or, in some cases, provide the magazine at no cost to the reader. In 1991-1992, roughly 64 per cent of all revenue of Canadian magazines came from advertising revenue.

Magazines are a particularly good medium for advertisers wishing to reach a specific market, defined by demographics, regional location, interest or income. The price of an advertisement is usually quoted per page, with variations for colour, placement and size. Larger magazines may offer to place the advertisement in a "regional" edition. If the advertiser wishes to target a particular region, this is a cheaper option, although the cost per thousand issues in circulation (CPM) may be higher than for a national advertisement.

We will take a more detailed look at the advertising market for Canadian magazines in Chapter III.

THE COST STRUCTURE

Magazine publishing, like other businesses that create or communicate information, has high costs for creating the original product and relatively low marginal reproduction costs. Software developers, book publishers and movie producers are in the same position. The magazine publisher has the added challenge of providing a product on a regular basis.

FIXED AND VARIABLE COSTS

The costs associated with producing a magazine, as with other products, can be divided into fixed costs and variable costs. Variable costs for a magazine include advertising sales, marketing and promotion, production and printing, and distribution. Fixed costs are editorial, administration and fulfilment costs.

The publisher has some control over fixed costs, although there are limits to reducing editorial costs. A magazine must produce enough editorial pages to maintain a healthy ratio of editorial to advertising pages, usually 40/60 or 50/50. If the number of advertising pages increases, then the publisher will produce more editorial pages to support it. If, on the other hand, the number of advertising pages drops, then the editorial pages can also be reduced to control costs. However, a magazine risks rejection by its readership, and thus a circulation drop, if its overall size and attractiveness is reduced too much (see note on newsstand sales earlier). This could force it to maintain editorial pages that are not supported by advertising revenue.

THE CIRCULATION BASE

A larger circulation base means larger revenues, both from circulation and from advertising. As Table 1 shows, Canadian magazines have a significantly smaller circulation base compared to their competitors in the United States.

TABLE 1

Circulation per Issue, Canadian and U. S. Consumer Magazines

(thousands)

	Newsstand		Subscription		Combined	
	Canada	U. S.	Canada	U. S.	Canada	U. S.
Top 10	77.3	2,540.2	504.7	10,288.3	567.5	11,436.8
Top 25	37.5	1,474.3	306.8	5,624.1	335.9	6,530.8
Top 50	19.1	937.6	175.3	3,507.2	194.3	4,132.7

Note: The magazines in each group are not necessarily the same for newsstand, subscription and combined circulation; e.g., a top-selling magazine in subscription sales may not be a top-selling magazine on newsstands.

Sources: Magazine Publishers of America
Informetrica Ltd.

A larger circulation permits publishers to spend a smaller percentage of total revenue on editorial content and other fixed expenses. Thus, they achieve larger profits or, alternatively, spend considerably more money on editorial content.

If a publication does not have a circulation base large enough to generate an adequate volume of both circulation and advertising revenue, then it will have considerable difficulty in competing for readers. Either its per issue editorial costs will make it prohibitively expensive to the potential reader, or the reader will have to pay the same amount for a lower quality product. It will have a hard time to be "in the game". The *pro forma* chart in Table 2 provides a clearer picture of this phenomenon.

TABLE 2

Pro Forma Costs of a Magazine

Circulation of:	(number of copies)				
	1,000	10,000	100,000	1,000,000	10,000,000
	(dollars)				
Editorial Costs	50,000	50,000	50,000	50,000	50,000
Printing Costs ($1 per copy)	1,000	10,000	100,000	1,000,000	10,000,000
Distribution Costs ($0.25 per copy)	250	2,500	25,000	250,000	2,500,000
Total Costs	**51,250**	**62,500**	**175,000**	**1,300,000**	**12,550,000**
Average Cost per Copy	$51.25	$6.25	$1.75	$1.30	$1.255

Source: Informetrica Ltd.

To sum up, it is very difficult for a magazine to break even, let alone make a profit, if its circulation base is small.

BUSINESS RISKS

The diversity of the magazine industry suggests that there are enough niche markets to enable a wide variety of magazines to survive under very difficult conditions. This is not to say that the industry is immune to shocks, or that particular magazines are not in dire financial straits. Profit margins are tight, and both circulation and advertising revenues are sensitive to the business cycle. Some costs, such as paper, printing and postage, are not easily controlled.

It is difficult for a consumer magazine to pass on costs that affect only that magazine because the market for magazines and advertising exhibits relatively high price elasticities. If a magazine were to increase its prices by 10 per cent, for example, it could expect a fall in demand of more than 10 per cent, thus reducing its total revenue.

Trade publications are closely linked to the prospects of the industry they serve. If that industry is expanding, then circulation will rise, and advertising interest will be high. New magazines may enter the market, leading to a higher rate of failure. Mature industries are more likely to have a stable number of magazines serving them. Declining industries may see the fallout of some of the associated trade magazines.

A CLOSER LOOK AT THE CANADIAN INDUSTRY

The Canadian periodical publishing industry produces more than 1,400 magazines, and each magazine should be seen as a unique product. Periodicals target different readers, use varying methods of distribution, and may be regional or national in scope. They may be very narrow in their subject matter or may have broad-based editorial coverage.

To provide useful information about this complex industry, and the role that advertising revenue plays in the cost structure of different publications, we have divided Canadian magazines into different categories, based on the composition of revenue, and then further classified them by language.

TYPES OF MAGAZINES

The first division is between those magazines that are "membership-based", i.e., that derive at least 10 per cent of their revenues from association membership fees, and those that are "non-membership", i.e., that derive less than 10 per cent of total revenue from membership fees. In other words, this latter group of magazines is truly in the marketplace.

The non-membership group was further divided into three subsets, based on advertising revenue. This resulted in four descriptive groups:

- Group I, comprising magazines that derive 90 per cent or more of their revenue from advertising. This group includes many business magazines and some consumer magazines;

- Group II, comprising magazines that derive their revenue more or less evenly from both streams, advertising and circulation;

- Group III, comprising magazines that derive less than 10 per cent of their revenue from advertising; and

- Group IV, comprising magazines that derive at least 10 per cent of their revenue from membership fees.

Group I is dominated by controlled circulation; Group II by subscription-based circulation and the largest share of newsstand sales; and Group III, which is mainly composed of religious and scholarly publications, is largely based on subscriptions with limited newsstand sales and controlled circulation. Group IV magazines derive a significant portion of their revenues from membership fees.

In addition, the research looked at each of these groups of magazines by language of publications: English-, French-, and Other-language (including bilingual) magazines.

Statistics Canada divides periodicals into six categories, based on the magazine publishers' self-classification: general consumer, special interest consumer, business/trade, farm, religious and scholarly.

A comparison of Groups I-IV with Statistics Canada's six categories (Table 3) suggests some interesting observations. Each group typically includes magazines from every Statistics Canada category. General and special interest consumer periodicals are spread across Groups I, II and III; business and trade periodicals are largely concentrated in Group I, and religious and scholarly in Group III. Group IV is primarily made up of special interest consumer and scholarly magazines.

TABLE 3

Canadian Periodicals by Subject Matter, 1991

(Units)

	General Consumer	Special Interest Consumer	Business or Trade	Farm	Religious	Scholarly	Total
Non-membership	162	364	357	60	183	181	1307
Group I	45	95	233	30	3	10	416
Group II	69	168	101	28	27	26	419
Group III	48	101	23	2	153	145	472
Membership							
Group IV	5	43	26	4	8	47	133
Total	**167**	**407**	**383**	**64**	**191**	**228**	**1440**

Source: Informetrica Ltd.

Of the 1,440 periodicals published in Canada in 1991, roughly 60 per cent (857) were in English; 22 per cent (313) in French and 19 per cent (270) in other languages (including bilingual). English-language magazines earned about 70 per cent, French-language magazines 21 per cent, and Other-language (including bilingual) 9 per cent of total revenues.

REVENUES, PROFIT AND LOSS

The Canadian industry exhibited very volatile revenue patterns in different categories over the years 1987 to 1991, with substantial gains in some years (as much as 60 per cent in French-language Group I magazines in 1988) and significant losses (as high as 24 per cent in English-language Group IV magazines in 1990) in others.

Overall, the total revenue that publishers received for each magazine sold peaked in 1989 at $1.70 and decreased each year thereafter until 1991, when revenue per unit of circulation was $1.61. The various subcategories once again showed considerable volatility.

Table 4 sets out the estimated total revenues of Canadian periodicals from 1987 to 1991. For each year, advertising revenue is by far the most important revenue stream for Canadian magazines, accounting for between 63 per cent and 65 per cent of revenues.

TABLE 4

Estimates* of the Total Revenue of Pediodicals, 1987-1988 to 1991-1992

Source of Revenue	1987-1988		1988-1989		1989-1990		1990-1991		1991-1992	
	$000,000	%	$000,000	%	$000,000	%	$000,000	%	$000,000	%
Subscriptions Sales	164.3	21	195.2	23	198.2	22	184.7	21	186.4	22
Single-copy Sales	62.2	8	63.2	7	64.4	7	62.9	7	59.4	7
Advertising Sales	484.4	63	545.7	63	576.2	64	577.3	65	541.2	64
All other Types of Revenue	63.9	8	58	7	64.2	7	59	7	59.4	7
Total Revenue	**774.05**	**100**	**862.1**	**100**	**903.0**	**100**	**883.9**	**100**	**846.4**	**100**

* This table includes an estimate for periodicals that did not respond to the survey.

Source: Statistics Canada

Tables 5, 6 and 7 break this information down into more detail, according to the different types of magazines. For Group I, or controlled circulation magazines, advertising accounts for more than 96 per cent of all revenue for each language group. Advertising revenue plays a crucial role in the income for Group II, largely consumer, periodicals. It accounts for 56.1 per cent of revenues for English-language, 52.6 per cent for French-language, and 58.9 per cent of revenue for Other-language (including bilingual) periodicals. Group III, by definition, gets less than 10 per cent of its revenues from advertising. These are mostly religious and scholarly publications where advertising plays a very small role in the revenue picture.

Over all types of magazines, advertising accounts for 67.6 per cent of the revenues earned by English-language periodicals, 51.3 per cent for French-language and 64.5 per cent for Other-language (including bilingual) periodicals.

TABLE 5

English-language Magazines, Revenue and Circulation, 1991

	Group I	Group II	Group III	Group IV	Total
Number of Periodicals	309	275	216	57	857
Total Revenue	100.0	100.0	100.0	100.0	100.0
(Percentage of Total Revenue)					
Advertising Revenue	97.0	56.1	1.8	26.6	67.6
Single-copy Sales Revenue	0.3	8.2	3.7	1.5	5.0
Subscription Sales Revenue	1.4	31.6	61.0	8.7	21.6
Grants	0.0	0.3	8.3	1.1	0.6
Other Revenue	1.3	3.8	25.2	62.0	5.3
Total Circulation per Issue	100.0	100.0	100.0	100.0	100.0
(Percentage of Total Circulation)					
Newsstand	0.9	9.5	2.1	2.8	5.2
Subscription	8.2	72.8	69.9	79.0	47.0
Other	85.2	17.7	27.9	18.2	45.5
Unallocated	5.7	0.0	0.1	0.1	2.3

Note: Totals may not add to 100.0 due to rounding.

Source: Informetrica Ltd.

TABLE 6

French-language Magazines, Revenue and Circulation, 1991

	Group I	Group II	Group III	Group IV	Total
Number of Periodicals	64	90	138	21	313
Total Revenue	100.0	100.0	100.0	100.0	100.0
(Percentage of Total Revenue)					
Advertising Revenue	97.8	52.6	3.1	34.9	51.3
Single-copy Sales Revenue	0.1	19.0	24.3	0.5	16.5
Subscription Sales Revenue	1.5	24.6	55.1	6.6	25.5
Grants	0.0	1.3	5.6	1.2	1.8
Other Revenue	0.6	2.5	11.9	56.8	4.9
Total Circulation per Issue	100.0	100.0	100.0	100.0	100.0
(Percentage of Total Circulation)					
Newsstand	0.1	26.9	13.3	0.5	16.0
Subscription	5.5	62.2	71.0	87.2	54.9
Other	94.3	10.9	15.6	12.1	29.0
Unallocated	0.1	0.1	0.2	0.2	0.1

Note: Totals may not add to 100.0 due to rounding.

Source: Informetrica Ltd.

TABLE 7

Other-language Magazines, Revenue and Circulation, 1991

	Group I	Group II	Group III	Group IV	Total
Number of Periodicals	43	54	118	55	270
Total Revenue	100.0	100.0	100.0	100.0	100.0
(Percentage of Total Revenue)					
Advertising Revenue	96.3	58.9	0.9	24.2	64.5
Single-copy Sales Revenue	0.0	2.2	1.9	0.3	1.0
Subscription Sales Revenue	1.8	29.7	40.8	17.9	17.2
Grants	0.0	2.8	17.4	7.3	4.1
Other Revenue	1.8	6.4	39.0	50.3	13.2
Total Circulation per Issue	100.0	100.0	100.0	100.0	100.0
(Percentage of Total Circulation)					
Newsstand	0.0	2.0	2.3	1.5	0.9
Subscription	14.5	83.3	46.1	86.6	42.5
Other	82.1	14.7	51.4	11.8	54.7
Unallocated	3.4	0.1	0.2	0.2	1.9

Note: Totals may not add to 100.0 due to rounding.

Source: Informetrica Ltd.

It is clear from Tables 5, 6 and 7 that for all language groups, advertising revenues account for virtually all revenues for the Group I magazines. Group II magazines in each language group relies on advertising for over half its revenues.

CORPORATE CONCENTRATION

The largest 12 publishers in Canada accounted for 148, or roughly 10 per cent, of the 1,440 titles published in 1991. They employed 1,257 full-time staff, or approximately 30 per cent of all full-time employees in the industry. At the same time, they received 51 per cent of all revenue earned by the industry in 1991, and achieved an operating profit of 4.67 per cent compared to the industry average of 2.36 per cent.

The largest 12 publishers spend more than twice as much as the rest of the industry on marketing and promotion, and on advertising. This relatively larger spending on these categories suggests a lesser proportion spent elsewhere. In particular, for the largest 12, administration and general expenses represent less than half the share allocated by the rest of the industry. This may imply that economies of scale can be achieved in this cost category.

The rest of the industry, as a group, is not profitable. In 1988, the aggregate operating losses of all magazines not published by the largest 12 publishers were $8 million. By 1991, this same group had aggregate operating losses of $300,000.

PROFITABILITY

Our research brought out a wealth of detail about the performance of various segments of the magazine publishing industry in Canada. Looking to the bottom line, English-language and French-language Canadian magazines experienced declining operating profits from 1987 through 1991: from 5.2 per cent to 2.6 per cent for English-language publications and from 8.0 per cent to 2.7 per cent for French-language ones. Other-language (including bilingual) magazines improved their operating profit (loss) position from –2.3 per cent to –0.6 per cent.

Profitability levels vary considerably in the Canadian magazine industry. About half of the magazines make an operating profit, and half do not (see Table 8). By comparison, for all firms in the Canadian economy, 69.5 per cent were profitable in 1987, the latest year for which a Statistics Canada estimate is available.

Operating profit is the pre-tax profit of a magazine. It excludes all revenue not related to the operations of a magazine as well as interest costs, depreciation of capital equipment or amortization of other capital costs.

Profitable magazines tend to be clustered in the 0 per cent to 9 per cent range, but, for most types of magazines, there is a significant number with a profit rate greater than 10 per cent. Similarly, for unprofitable magazines, most magazines in all groups clustered in the –1 per cent to –10 per cent range.

A word of caution when considering these operating profit rates: the focus here is on magazines, rather than on firms or enterprises. It is possible for a firm to have a number of magazines, some of which are profitable and some of which are not. The firm could still, in aggregate, be in a profit position, even though some of its magazines were not.

TABLE 8

Distribution of Magazines by Operating Profit Rate, 1991

Operating Profit Category	No.	Percentage of Total	Average Percentage Return*	Percentage of (Total>0) or (Total<0)
<–50%	144	11.0		23.0
–50% to –26%	106	8.1		16.9
–25% tp –11%	160	12.2		25.6
–10% to –1%	216	16.5		34.5
	626	47.9	**–30.2**	100.0
			–16.8	
0% to 9%	365	27.9		53.6
10% to 19%	150	11.5		22.0
20% to 29%	65	5.0		9.5
30% +	101	7.7		14.8
	681	52.1	**14.6**	100.0
			9.3	
Total	1307	100.0	**–6.9**	

* Numbers in bold are calculated by taking the midpoint of each range as the average for the range. The average of the open-ended classes is 1.5 times the lower limit of the class.

The unbolded numbers are calculated by a similar method, with the exception that the observations in the two open-ended classes have been dropped.

Note: Totals may not add to 100.0 due to rounding.

Source: Informetrica Ltd.

A COMPARATIVE PERSPECTIVE: THE MAGAZINE INDUSTRY IN THE UNITED STATES

An analysis of the economics of Canadian magazine publishing would not be complete without some reference to the industry outside Canada for a comparative perspective, since foreign magazines dominate the Canadian market. They account for 81.4 per cent of all newsstand circulation, and slightly more than half (50.4 per cent) of the entire circulation of English-language consumer magazines in Canada. Clearly, foreign magazines are widely available in Canada.

Statistical information on the periodical publishing industry in other countries is not as readily available as it is for the Canadian industry. The following information about the industry in the United States was the most accessible to the Task Force. It was gathered from various sources used in the course of our research and, in our opinion, provides a useful standard of comparison for the Canadian industry.

In 1993, the magazine industry in the United States was expected to earn revenues of $22.7 billion. This is a $5.4 billion (31 per cent) increase over the industry's 1987 results, but it represents a decrease in real terms (accounting for inflation). By contrast, in 1991-1992, the entire Canadian periodical publishing industry earned revenues of $846.4 million.

The value of magazine exports from the United States exceeded $800 million in 1992-1993, 78 per cent of which came to Canada. The value of Canadian magazine exports was $22 million in 1991; 78 per cent of all exports and 85 per cent of English-language exports went to the United States.

The United States Department of Commerce reports that there were more than 11,000 periodicals published in 1991 (other sources suggest as many as 15,000). In 1991-1992, Canada produced 1,440 periodicals, which serve three different markets: English-language, French-language and other heritage languages. In that year, for example, there were 857 English-language, 313 French-language, 230 bilingual and 40 other-language magazines.

CORPORATE CONCENTRATION

Publishers of multiple magazines produce about 30 per cent of the periodicals in the United States. In Canada, 496 magazines, or 34 per cent, are produced by multimagazine publishers.

The top four publishers in the United States account for 20 per cent of the industry revenue, the top 20 firms for about 50 per cent. In Canada, the top four publishers account for close to 40 per cent of the industry revenue, and the top 12 for approximately 50 per cent.

CIRCULATION

In the United States, 84 consumer magazines have a circulation greater than one million; 220 have a circulation over 300,000 and 226 have a circulation between 50,000 and 300,000.[11]

By contrast, only one consumer magazine in Canada, *Reader's Digest*, has a circulation exceeding one million (1,266,518); 14 have a circulation over 300,000; and only 40 magazines have a circulation between 50,000 and 300,000.

REVENUES, COST STRUCTURE AND PROFITABILITY

The difference in circulation just cited and as set out in Table 1 explains the main difference in profitability between the American and the Canadian industries, as it underlines the quite different scale of operations that exists between the Canadian and American magazine industries. Although the Canadian revenue structure is similar to that of the American publishers, total revenue in

---

[11] Based on data for paid-circulation magazines, Audit Bureau of Circulation, December 1992.

absolute dollar terms is significantly different. Higher circulation results in both higher circulation revenues and higher advertising revenues flowing to American magazines.

The revenue and expense structure for consumer magazines in Canada and the United States is very similar, as Table 9 demonstrates.

TABLE 9

Canadian and U. S. Consumer Magazines, Revenues and Expenses, 1991

	Canada			U. S.
	Group II*	Largest 4	Largest 12	
Number of Periodicals	275	78	148	190
Revenues	(Percentage of Total Revenues)			
Advertising	58.55	57.67	63.77	55.37
Subscription	32.94	30.96	25.30	35.99
Single-copy Sales	8.51	11.37	10.93	8.64
Total Revenues	**100.00**	**100.00**	**100.00**	**100.00**
Expenses				
Advertising	10.05	11.45	11.63	11.38
Marketing and Promotion	11.20	12.46	10.05	12.16
Fulfilment Costs	3.70	3.20	3.47	2.69
Editorial	15.07	15.71	14.46	11.24
Production and Printing	33.22	31.05	34.18	27.84
Distribution	7.07	6.74	6.16	9.86
Administration and General**	17.15	13.84	15.38	12.76
Total Expenses	**97.45**	**94.45**	**95.33**	**87.93**
Operating Profit Before Taxes	**2.55**	**5.55**	**4.67**	**12.07**

  * English Group II (consumer) magazines
** Includes Other Postage Costs and Other Operational Expenses.

Sources: Magazine Publishers of America and Statistics Canada
      Informetrica Ltd.

The main differences are in the percentage of revenue allocated to the fixed cost of editorial (3 to 4.5 per cent lower in the United States) and to production and printing (3 to 6 per cent lower in the United States), which likely reflects economies of scale in printing costs. The costs for administration and general expenses are also lower (1 to 4 per cent) in the United States. These items alone account for much of the difference in profitability between the industries in the two countries; and that difference is considerable. In 1991, the average profitability of Group II, general consumer, magazines in Canada was 2.55 per cent; the profitability of Canada's largest four publishers was 5.55 per cent; and the profit of the American consumer magazines was 12.07 per cent. There was a difference of almost 10 per cent between the average profitability of Canadian consumer magazines and the average profitability of American consumer magazines.

These figures also show that advertising revenue is proportionately more important for the Canadian than for the American industry. Advertising revenue accounts for 58.55 per cent of all revenue for Canadian consumer magazines, 57.67 per cent of revenue for the largest four Canadian publishers, and 63.77 per cent for the largest 12 Canadian publishers. In each case, it accounts for a larger percentage of revenue than for the American consumer magazines.

A comparison of the allocation of expenses to different areas in the two industries demonstrates that the Canadian industry is operating overall as efficiently as the industry in the United States. Table 10 shows that the distribution of fixed costs in the Canadian industry is parallel in all respects to the distribution of fixed costs in the American industry; i.e., roughly the same percentage of expenditures is allocated to fulfilment, editorial and overhead.

TABLE 10

Canadian and U. S. Consumer Magazines, Circulation and Expenses, 1991

	Canada						U. S.	
	Group II*		Largest 4		Largest 12			
Number of Periodicals	275		78		148		190	
Circulation per Issue**								
Newsstand	4,484		36,304		31,794		123,613	
Subscription	34,512		75,571		57,027		515,548	
Total	38,996		111,875		88,821		639,161	
	Share of Group	Share of Total	Share of Group	Share of Total	Share of Group	Share of Total	Share of Group	Share of Total
Expenses	%	%	%	%	%	%	%	%
Variable Costs	100.00	63.14	100.00	65.32	100.00	65.06	100.00	69.64
Advertising	16.33	10.31	18.56	12.12	18.75	12.20	18.58	12.94
Marketing and Promotion	18.20	11.49	20.19	13.19	16.20	10.54	19.86	13.83
Production and Printing	53.98	34.09	50.33	32.88	55.12	35.86	45.46	31.66
Distribution	11.49	7.26	10.29	7.13	9.93	6.46	16.10	11.21
Fixed Costs	100.00	36.86	100.00	34.68	100.00	34.94	100.00	30.36
Fulfilment Costs	10.30	3.80	9.77	3.39	10.42	3.64	10.08	3.06
Editorial	41.95	15.46	47.96	16.63	43.42	15.17	42.11	12.78
Administration and General***	47.75	17.60	42.27	14.66	46.16	16.13	47.81	14.51
Total Costs		100.00		100.00		100.00		100.00

* English Group II (consumer) magazines. Largest 4=4 largest publishers. Largest 12=12 largest publishers.
** U. S. circulation per issue is based on a sample of 568 magazines.
*** Includes Other Postage Costs and Other Operational Expenses.

Note: Totals may not add to 100.0 due to rounding.

Source: Magazine Publishers of America and Statistics Canada

Prepared by Informetrica Ltd.

Table 10 also shows that American magazines spend a smaller proportion of their overall budget on fixed costs (30.36 per cent compared to 36.86 per cent for the Canadian magazines). Higher average circulation means that the fixed cost per copy is lower, thus representing a smaller proportion of the overall expenditures. In the United States, distribution accounts for a larger share of variable costs, with a significantly smaller share for production and printing. This suggests that there are economies of scale present in having larger print runs per issue.

Finally, a comparison of wages paid in the two countries for similar types of work revealed that the Canadian industry is paying extremely competitive rates for all types of work. The wage rates in Table 11 are before-tax wages, but they do not include any fringe benefits.

In general, the aggregate industrial wage was 27 per cent higher in Canada. This is clearly not the case in the magazine industry, where, in all but two categories, the Canadian salary is substantially lower than the American salary for the same position. Since wages account for a large percentage of costs in any category, this is an important factor in considering the overall cost structures of the two industries.

TABLE 11

Magazine Industry Wage Rates, Canada and United States, 1992

	Business Magazines		Consumer Magazines	
	Wage Rate (Canadian $ per year)	Index (U. S. = 100)	Wage Rate (Canadian $ per year)	Index (U. S. = 100)
Aggregate Industrial Wage				
Canada	29,090	127	29,090	127
U. S.	22,922	100	22,922	100
Editor				
Canada	43,039	73	43,008	84
Ontario	44,756	76	48,327	94
U. S.	58,817	100	51,262	100
Editorial Director				
Canada	58,795	76	53,836	71
Ontario	57,614	74	76,504	101
Publisher				
Canada	50,578	65	40,235	53
Ontario	50,176	65	48,169	64
Editorial Management				
U. S.	77,740	100	75,701	100
Managing Editor				
Canada	33,792	68	33,718	69
Ontario	33,470	68	38,607	78
U. S.	49,543	100	49,197	100
Senior Editor				
Canada	40,073	73	35,702	73
Ontario	41,369	75	42,502	86
U. S.	55,153	100	49,193	100
Art Director				
Canada	34,002	67	27,273	52
Ontario	40,613	80	31,641	60
U. S.	51,054	100	52,954	100
Ad Sales Director				
Canada	68,239	62	48,169	45
Ontario	63,258	57	51,853	48
U. S.	110,635	100	107,333	100
Ad Sales Person				
Canada	61,983	92	54,191	101
Ontario	61,864	92	57,884	107
U. S.	67,231	100	53,872	100

Notes:

Canadian figures, based on a 1989 survey by *Masthead* magazine, have been escalated to 1992 levels using growth in the average wage rate for printing and publishing industries.

U. S. figures have been converted into Canadian dollars using an average exchange rate of $1.21.

Sources:
Folio: The Magazine for Magazine Management (U. S.) and Masthead: The Magazine About Magazines (Canada).
U. S. Dept. of Commerce, Survey of Current Business, March 1993 and Informetrica Limited estimates.

Prepared by Informetrica Ltd.

CONCLUSION

On the basis of the briefs the Task Force received, meetings with representatives of the publishing and advertising industries from Halifax to Vancouver, and our research studies, we have reached the following conclusions:

- *In the years since the two current policy instruments were first put in place following the O'Leary Commission recommendations, Canadian periodical publishing has grown to serve a very wide range of Canadian interests and information needs. The industry produces 1,440 magazines a year, with editorial pages containing ideas and information that are the page equivalent of 2,500 books per year;*

- *While editorially rich and diverse, the Canadian industry is not on a strong economic footing. In 1991, more than half of Canadian magazines had no operating profit, and the average operating profit for the industry as a whole was only 2.36 per cent. English-language and French-language magazines experienced declining operating profits from 1987 through 1991: from 5.2 per cent to 2.6 per cent for the former and from 8.0 per cent to 2.7 per cent for the latter;*

- *There is nothing in our research that would lead us to believe that policy measures currently in place have made the Canadian industry any less efficient or profit-conscious than its foreign counterpart; and*

- *Since the Canadian market is smaller overall, and comprises two major language markets, the potential circulation base of Canadian publications will always be much smaller than the American one. Consequently, the amount of money available from circulation revenue will always be much lower in Canada than in the United States. Indeed, American magazines earn more circulation revenue in Canada than Canadian magazines.*

In studying the economic state of the industry, it is clear that there is an essential connection among circulation, advertising revenue and editorial content: the larger the circulation, the more advertising a magazine can attract; the greater the advertising revenue, the more it can afford to spend on editorial content; and the more it spends, the more likely it will be attractive to readers, with the result that the circulation will grow. This spiral can also work the other way. Decreasing any element will decrease the other elements also.

This emphasizes the importance of advertising revenue to the total revenue mix for Canadian periodicals, and explains why the role of advertising is so crucial for Canadian publishers. The next chapter provides a detailed examination of the Canadian advertising market for magazines.

■ **CHAPTER III**

ADVERTISING REVENUES FOR CANADIAN PERIODICALS: A LIMITED RESOURCE

INTRODUCTION

Very few periodical publishers can cover their costs, let alone make a profit, solely with circulation revenue. Advertising revenue supports the editorial content and allows the magazine to be provided at lower cost (or no cost) to readers. Additional pages of advertising can be the difference between profit and loss for a magazine. An adequate advertising income is essential, therefore, to the economic foundations of periodical publishing.

Without a healthy industry, Canada's policy objective of ensuring that Canadians have access to Canadian ideas and information through Canadian periodicals cannot be met. Canadian periodical publishers must have adequate access to the advertising revenues available in the Canadian market. Policy instruments in place since 1965 are designed to achieve that purpose, by encouraging magazine advertisers to reach Canadian consumers through Canadian magazines and periodicals. Advertising revenues are just as important to the periodical industry today as they were 30 years ago, when the current legislative measures were adopted.

This chapter examines the pattern of advertising expenditures flowing to all Canadian media and to Canadian periodicals over the past 30 years. As in the previous chapter, it takes the United States as an example of foreign periodical publishing, comparing the relative share of the advertising market in the United States held by American periodical publishers and the corresponding market share for Canadian publishers in Canada. The chapter goes on to identify trends in advertising, with a view to understanding the likely flow of advertising revenues to the Canadian magazine industry in the future.

It has been argued that increasing the number of magazines available in the Canadian advertising market would simply increase the amount of money spent in magazines to reach Canadian consumers, and pose no threat to the Canadian industry. In this chapter, we explore the plausibility of such a claim.

ADVERTISING EXPENDITURES OVER TIME

Our research shows that the increase in periodical advertising revenue since 1963 is less than the increase registered by the other media. From 1963 to 1992, advertising expenditures in the major media increased overall. The largest growth was in television, which increased from $70 million to $1,736 million. Newspaper advertising increased from $187 million to $1,910 million in this period, and the value of radio advertising increased from $59 million to $745 million. Magazines experienced the smallest dollar increase, from $67 million to $569 million.

TABLE 12

Share of Advertising, Including All Canadian Media

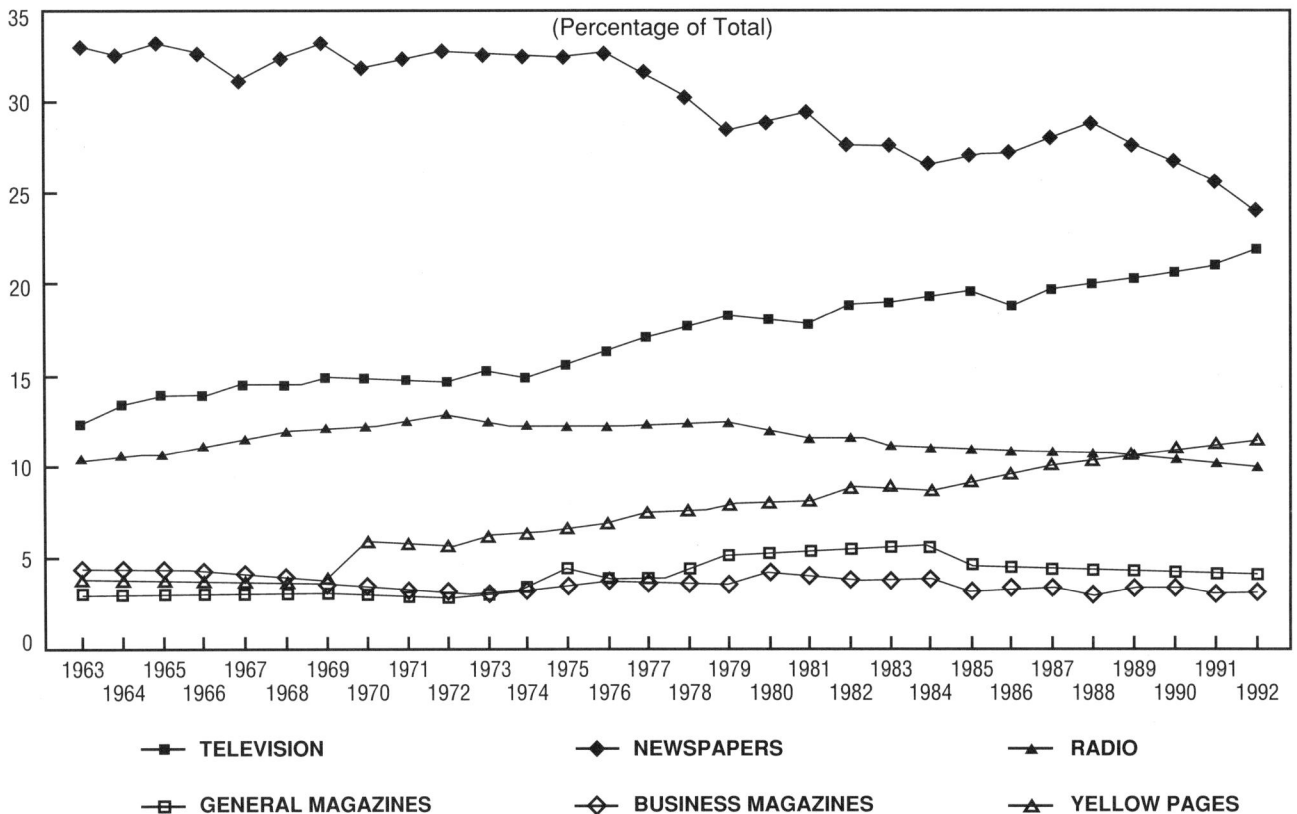

(Percentage of Total)

| TELEVISION | NEWSPAPERS | RADIO |
| GENERAL MAGAZINES | BUSINESS MAGAZINES | YELLOW PAGES |

Source: TVBureau

Television and yellow pages experienced the greatest growth in market share of advertising for all media over the 1963 to 1992 period. Television increased from 12.43 per cent of the market to 20.93 per cent. The yellow pages increased market share from 3.91 to 10.39 per cent. Newspapers were the largest losers of market share, dropping from 33.21 per cent to 23.03 per cent.

ADVERTISING REVENUE TO MAGAZINES

Magazines have experienced more annual declines in advertising dollars than any other medium in Canada. Along with this volatility, there is a generally positive or neutral trend in advertising volume for all magazine categories from 1963 onward. In constant dollars, accounting for inflation, total media advertising expenditures increased 183 per cent during the 30-year period.

Advertising revenues increased 200 per cent in general magazines, 36 per cent in business/trade magazines, 763 per cent in religious and scholarly magazines, and decreased by 17 per cent in farm publications.

The general rise in advertising volume, however, peaked in the 1981 to 1984 period, depending on the magazine category. Since that time, the trend in real terms for all categories of magazines is downward or, at best, flat. The magnitude of growth and decline differs among different types of magazines, but the pattern of movement is similar.

Through the period from 1963 to 1992, real increases in advertising volume were not enough to maintain the percentage of the overall advertising market held by periodicals.

The share of advertising expenditures going to general magazines increased from 3.0 to 3.2 per cent in that 30-year period, although they peaked in 1984 at 4.99 per cent. Business and trade magazines, on the other hand, lost a considerable market share, falling from 4.4 per cent in 1963 to 2.1 per cent in 1992. Religious and scholarly periodicals increased their share from 0.36 per cent to 1.06 per cent, while farm publications fell from 1.07 per cent to 0.3 per cent.

THE PICTURE IN 1992

To put these advertising revenues in perspective, the total Canadian advertising pool was $8.295 billion. The total for the different advertising vehicles was: magazines, $569 million (6.8 per cent); radio, $745 million (9 per cent); yellow pages, $862 million (10.4 per cent); television, $1.736 billion (20.9 per cent); direct mail and catalogues, $1.82 billion (21.9 per cent); and newspapers $1.9 billion (22.9 per cent).

MARKET SHARE: A CROSS-COUNTRY COMPARISON

Differences in the statistical database make cross-country comparisons difficult and somewhat questionable. Nonetheless, a brief look at the advertising market in the United States is an informative point of comparison. It would appear from Table 13 that, although American periodicals have a share of the total advertising market in the United States that is larger than the share that Canadian magazines have of the total market in Canada, the trend line is similar.

TABLE 13

Magazines' Share of Total Advertising Revenue, Canada and United States

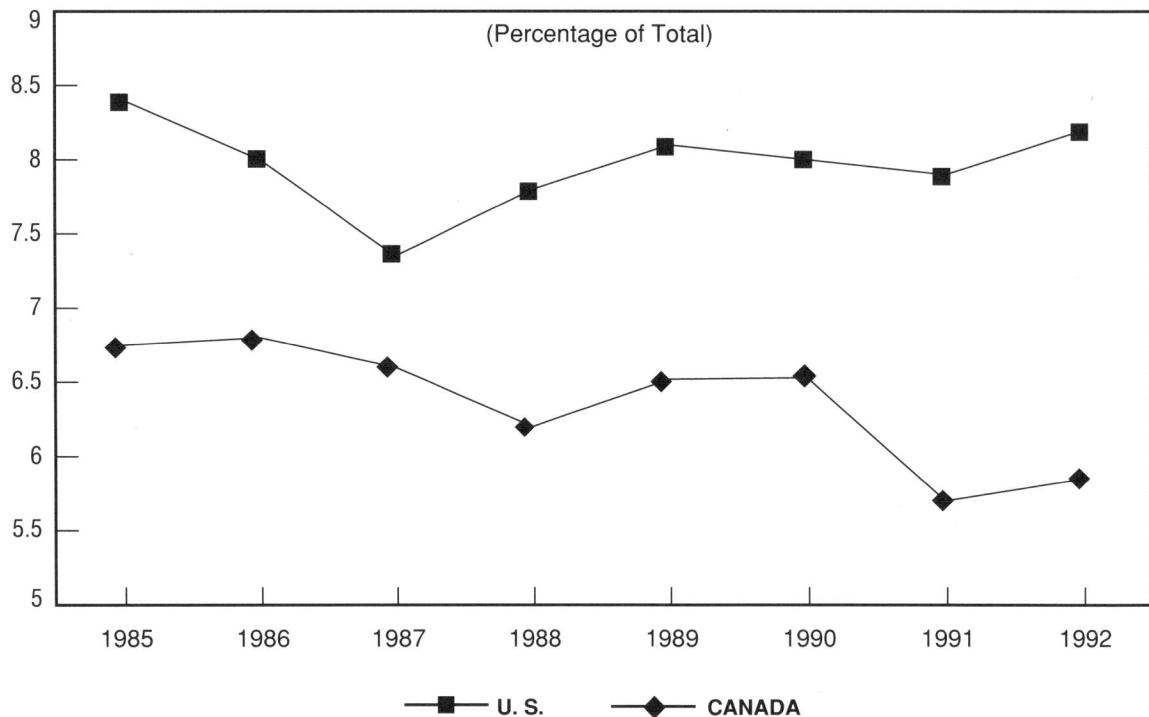

(Percentage of Total)

```
●————■— U. S.          ●————◆— CANADA
```

Source: TVBureau

Prepared by C. Leigh Anderson

Yearly percentage changes follow a similar pattern in the two countries, reflecting the general economic situation, although the advertising flow to Canadian magazines is somewhat more volatile. The industries in both countries recorded declines in 1991 and increases in 1992, for example, but the Canadian industry's share fell more sharply than that of its American counterpart, and its recovery is more modest. This is largely because the current recession has been deeper in Canada.

The precise difference in home market share of advertising expenditures between American and Canadian periodicals is difficult to measure. One thing is clear: periodicals in Canada will always have a somewhat lower market share than periodicals in the United States because of the following three factors:

- United States law permits, and Canadian law prohibits, tobacco advertising in magazines. Cigarette and tobacco advertising constitutes the tenth largest source of advertising revenue in American magazines;[12]

---

[12] *Advertising Age*, July 9, 1993. (*Advertising Age* is a weekly American trade publication, which specializes in the marketing sector.)

- Newspapers are an alternative for magazines in Canada more so than in the United States. With relatively few placements in Canadian newspapers, an advertiser can reach a large proportion of the Canadian public. The same is not true in the United States, where an advertiser would have to buy space in hundreds of newspapers to achieve the same degree of market penetration;

- Overflow advertising from foreign magazines circulating in Canada could reduce the amount of advertising placed in Canadian periodicals to reach Canadian consumers. The question of overflow, or spill-over, advertising is dealt with at greater length in Chapter IV.

In other words, the market share trend in the two countries is similar. However, the percentage change in magazine advertising revenues flowing to magazines is more volatile in Canada; that is, the fluctuation from year to year is greater.

It follows that, if American magazines are capturing the largest possible share of their domestic advertising market, then Canadian magazines are also very close to achieving the maximum market share possible in the Canadian advertising market.

TRENDS ANALYSIS

On the basis of these historical trends in market share, it is clear that other media are capturing more market share than magazines. The most optimistic picture for the Canadian magazine industry would be that its share of advertising revenues is likely to remain relatively flat over the next few years.

There are, however, a number of other factors that affect the flow of advertising to Canadian periodicals. Among these additional considerations are: policy changes, the impact of the recession, changes in technology and new approaches to advertising, and the reported centralization of decision making by some multinational companies.

POLICY CHANGES

Changes in government policy in a number of areas might be expected to have an impact, either directly or indirectly, on the advertising market for Canadian magazines. Our research looked at amendments to the *Income Tax Act* in 1965 and in 1976; the introduction of Customs Tariff Code 9958 in 1965; the bans on tobacco and restrictions on alcohol advertising in magazines in 1989; the Canada-United States Free Trade Agreement of 1989; and the Goods and Services Tax, introduced in 1991.

Since the introduction of Tariff Code 9958 and the provisions of section 19 of the *Income Tax Act* there has been a significant increase in the number and range of Canadian magazines available to Canadians. In 1959, before the introduction in 1965 of Tariff Code 9958 and the provisions of section 19 of the *Income Tax Act*, Canadian magazines accounted for 23.3 per cent of the magazines circulated in Canada; this increased to 29.9 per cent in 1971, and to 39.4 per cent by 1981. By 1992, Canadian magazines accounted for 67.6 per cent of the magazines circulated in Canada.

From the available data, however, it is difficult to pinpoint the precise effect of these different policy changes on advertising revenue. The significant exception to this is the 1976 amendment to the *Income Tax Act*, which removed all exceptions to the measure. This coincided with a dramatic increase in Canadian magazine advertising revenue, particularly for general consumer magazines (see Table 14).

TABLE 14

Advertising Volume, Canadian Periodicals

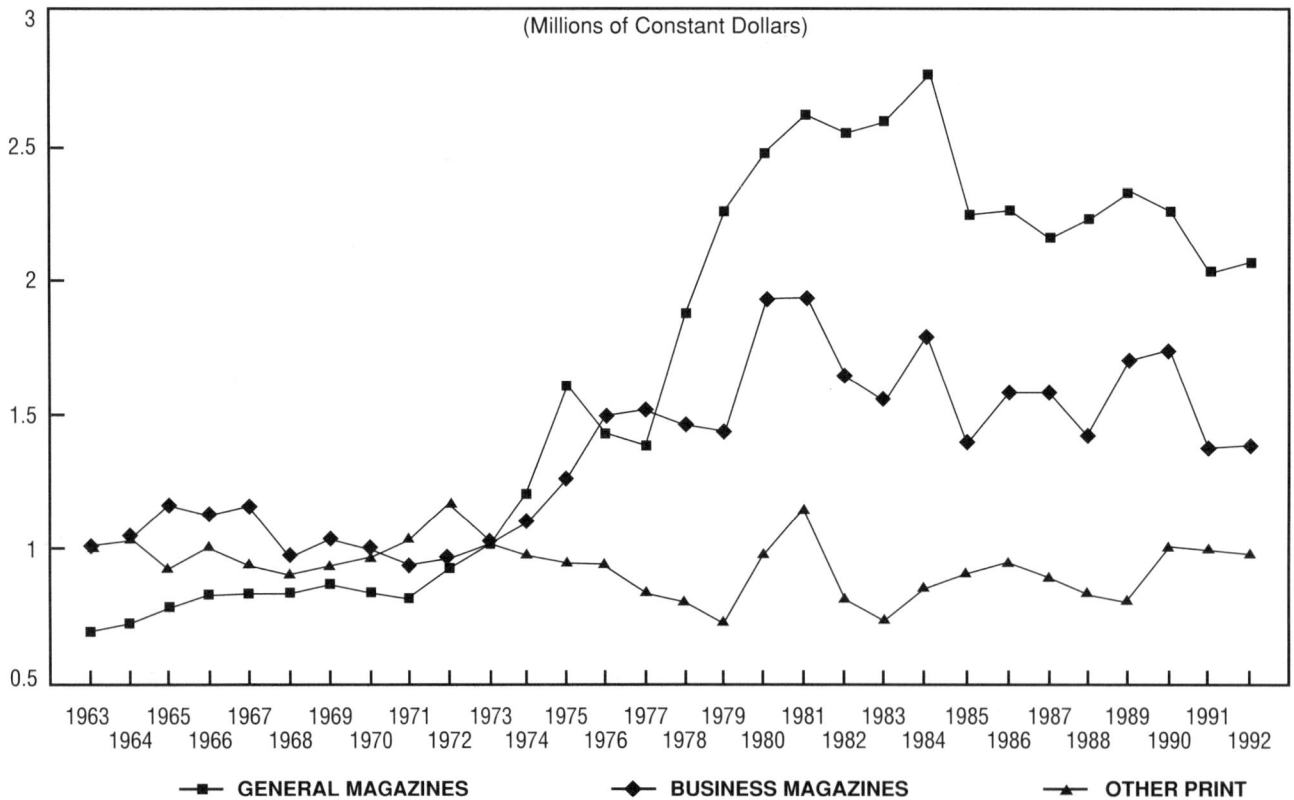

Note: Other Print category includes religious, scholarly, farm and weekend magazines.

Source: TVBureau
Prepared by C. Leigh Anderson

Government policies affecting only one of the media often alter the competitive positions of all media. A recent example is the Quebec government's decision to allow the billboard advertising of liquor in 1992. With advertising budgets holding fairly constant in recent times, any move by distillers toward outdoor advertising will almost certainly mean a transfer of funds from their magazine advertising campaigns.

THE IMPACT OF THE RECESSION

The Immediate Impact

More than any other factor, the health of the economy appears to influence the volume of magazine advertising income. Volumes declined with the recessions of 1981-1982 and 1990-1991, and expanded with the economic recovery of 1983-1984.

A recession affects advertising revenue in two ways. First, it decreases sales, and therefore advertisers' budgets linked to sales. Most advertisers confirmed that they observe fairly strict advertising-to-sales ratios.

Secondly, in times of recession, magazines are considered by many consumers to be a luxury item. Since most households already own television sets and radios, these two media provide a cheaper form of entertainment. Magazines are a discretionary purchase. A recession, therefore, decreases the purchases of magazines, lowering circulation revenue and thus lowering advertising revenue related to circulation.

Consumer expenditures on semi- and non-durable goods (i.e., magazines and many goods advertised in magazines) can explain much of the variation in magazine advertising revenues.

The Longer-term Consequences

As well as immediate negative consequences for magazine advertising revenue, the recent recession will also have more lasting consequences. The constraints imposed by difficult economic times have forced advertisers to reconsider their traditional approach to reaching potential customers. The changes that have occurred are probably irreversible.

As consumers look to make their dollar go farther, they are less and less likely to maintain brand loyalties. Advertisers have responded to this by moving their advertising from magazines, which are effective "image" or brand recognition vehicles, into other media that have a more immediate effect on sales.

Advertisers are extremely sensitive to the immediate results of their advertising; they are looking for increased sales. Advertisers therefore favour media that allow for a quick turnaround if a message or an appeal seems to fail. Magazines, by their nature, are less flexible than other media, and require a longer lead time (the interval between the deadline for receipt of advertising material and the delivery of the message to the consumer). There is, therefore, a trend, clearly noticeable in recent years, away from media advertising and toward direct marketing, linking the seller and the buyer and trying to elicit a direct response. In addition, advertisers are allocating larger portions of their marketing budgets to trade promotion, i.e., direct point-of-sale promotions of various sorts, and away from advertising *per se*.

With declining sales and tighter management of advertising budgets, businesses have been taking a more tactical approach to advertising and have been paying much closer attention to the results of advertising campaigns. Advertisers review their budgets more often than they did even five years ago, basing them largely on sales performance.

These trends are largely motivated by the recession. However, in order to keep a competitive advantage in an increasingly competitive business environment, companies are likely to continue to operate in this fashion. Economic recovery is not likely to reverse these trends.

TECHNOLOGICAL CHANGE AND ADVERTISING

Individual Marketing

Companies now have the capacity to store and handle greater quantities of customer data, enabling them to maintain a closer, more direct relationship with past, present and potential customers. These businesses are seeking advertising vehicles that permit them to take advantage of such information and target individual consumers.

This trend toward more individual marketing could seriously affect all types of magazines, but trade magazines are particularly vulnerable as their biggest competitors are direct mail and trade shows, which rely heavily on customer databases.

New Printing Techniques

New printing techniques may offer magazines some capacity to respond to the trend toward more targeted advertising in the future. These techniques will make smaller print runs in different parts of the country more feasible.

More consumer magazines may be able to target their readers more narrowly and customize their advertising for particular market niches. The same would not apply to trade magazines, as their circulation is already pretty small in most cases, and probably could not be broken down much further.

The Information Highway

The Task Force heard differing views on the importance of the "information highway" for the future of the magazine industry. Whether most magazines will one day be delivered by electronic means or not, it is certainly the case that some magazines are already available through computer networks.

This format for magazines poses interesting questions with respect to the role of advertising. On the one hand, it could be an opportunity for advertisers to target individual consumers, as discussed earlier, possibly with interactive advertising. On the other hand, consumers could choose to bypass all advertising by searching for particular articles, never having their eye caught by an outstanding advertisement as they "flip through the pages" on their screens.

It is difficult to predict exactly how these changes may affect the advertising revenue base of Canadian periodicals, but it will almost certainly have some impact on the magazine industry in the next few years.

WHERE DECISIONS ARE MADE

The Task Force was told that more and more advertisers view North America as a single market, with advertising strategies and budgets based on this premise.[13] As a result, more and more advertising decisions are being made outside Canada. Up to 15 per cent of consumer magazine advertising now originates outside Canada, and publishers told the Task Force that this trend is increasing. At the same time, the Task Force heard that successful advertising campaigns must be sensitive to regional markets. These trends are not necessarily mutually exclusive; advertisements targeting a regional audience can be purchased from a distance, provided that the advertisement itself is appropriate for the target audience. It is not altogether clear whether this trend will lead to a decrease in the advertising revenue available to Canadian magazines, but it has that potential.

---

[13] Interestingly, in a recent issue of *Advertising Age* (January 24, 1994, page S-7) a graph entitled "New Frontiers" treats "Latin America" as one population group and "U. S./Canada" as another.

For trade publications, a considerably higher percentage of advertising buying decisions are made outside Canada. One multimagazine business/trade publisher reported that 50 to 60 per cent of advertising decisions for the majority of Canadian business magazines are made outside Canada.

To the extent that such buying decisions favour American publications, an increase in this trend would be detrimental to the Canadian magazine industry.

CONCLUSION

The percentage of total advertising dollars flowing to magazines has been fairly steady over the past 30 years, moving closely with economic indicators. It is unlikely that this long-term trend, also confirmed in the shorter term from 1985 to 1992, will be reversed. A similar pattern was observed in the United States. If we assume that American magazines are achieving an optimal share of domestic advertising expenditures, it follows that Canadian magazines also are capturing the largest market share possible.

The Task Force is persuaded, on the basis of its analysis of historical trends, coupled with a review of emerging trends in the advertising marketplace, that:

- *The amount of money spent by advertisers to reach the Canadian consumer is not likely to grow; and*

- *Within the Canadian advertising market, it is extremely unlikely that the share held by periodicals will increase.*

That being the case, it is important to consider the particular features of the business environment within which Canadian periodical publishers operate before attempting to determine the effect on them of split-runs entering the Canadian advertising market. It is to this we turn in Chapter IV.

■ CHAPTER IV

THE BUSINESS ENVIRONMENT

INTRODUCTION

Canadian periodical publishers face major competitive challenges in their business environment that are not common to their counterparts in countries with a larger population to serve. This chapter will outline the business environment for Canadian publishers. The next two sections describe the challenges in that environment and existing public policy measures that support Canadian periodical publishers.

CHALLENGES IN THE BUSINESS ENVIRONMENT

There are many constraints on the business environment for Canadian publishers. Some of those constraints will be explored in this section:

- the massive penetration of the Canadian market by imported magazines;

- the relatively small size of the Canadian population;

- the openness of Canadians to foreign cultural products, particularly film and television;

- the effect of the cover prices of imported magazines on the Canadian price structure;

- newsstand competition from foreign magazines;

- the impact of overflow advertising on the potential advertising market in Canada; and

- the Canadian prohibition on tobacco advertising.

MARKET PENETRATION

The pivotal fact, which both defines the competitive environment and underlies the need for structural support from the government, is the massive penetration of the Canadian market by foreign magazines.

Canadian publications account for 67.6 per cent of the magazines sold in Canada in a year. The domestic share of the English-language Canadian periodicals market is 60.1 per cent. Paradoxically, Canadian magazine publishers earn 25.5 per cent of the total circulation revenue in their own domestic market; the remaining 74.5 per cent goes to foreign publications.[14]

---

[14] See footnote 10, page 9.

English-language consumer magazines face significant competition for sales from imported consumer magazines. In large measure, this is because the majority of the magazines are from the United States and are a close substitute. The United States is a daily presence in the life of every Canadian, through television programming, sports and film. It is reasonable to expect that the content of American magazines will be of interest to Canadians. In fact, 78 percent of all American magazine exports go to Canada. Canada annually imports twenty-five times more magazines from the United States than it exports to that country.

The result is that the annual circulation of foreign English-language magazines in Canada is 235,924,031 of which 233,416,022 (or 99 per cent) are from the United States. Based on circulation, the market share for imported English-language consumer magazines, both subscription and newsstand, is 50.4 per cent; on newsstands, this increases to 81.4 per cent.

Canadian French-language periodicals have a much stronger share of the French-language domestic market, approximately 95 per cent. An important constraint for domestic French-language magazines, although one that is very difficult to quantify, is the competition they face from both foreign and Canadian English-language publications, both for advertising and for readers.

The magnitude of this market penetration by foreign periodicals has a major impact on the world in which Canadian English-language periodical publishers seek to maintain a market share.

SIZE OF THE CANADIAN MARKET

A Limited Circulation Base

The Canadian market is not large. For example, the potential Canadian readership is about one-tenth the size of the its closest competitor. The Canadian population is made up of two major language groups, thus further reducing the potential circulation for a unilingual Canadian magazine.

This limited potential market is the target not only of the 1,440 Canadian publications but of at least 500 foreign titles. Of the 50 English-language magazines with the highest circulation in Canada, 21 are imported from the United States. By contrast, our research indicated that American publishers face very little competition for their domestic market from imported magazines.

The limited size of the Canadian market has a very significant impact on the possible circulation base of a Canadian periodical. Since, as Chapter II described, circulation is key to both circulation and advertising revenues, this is a very real constraint on Canadian publishers and on their capacity to produce competitive magazines.

Newspapers as an Alternative

The size and distribution of the Canadian population have another important effect on the potential advertising revenues for Canadian periodicals. As we mentioned in Chapter III, newspapers are sometimes considered a reasonable alternative to magazines as an advertising vehicle to reach the majority of the Canadian population. With placements in relatively few daily newspapers, it is possible for an advertiser's message to reach most Canadians.

Again, by way of comparison, this is not the case in the United States, where the population is much larger, and generally more evenly distributed throughout the country. To reach the majority of Americans with a newspaper advertisement would necessitate placing the ad in many individual newspapers. The complexity and cost of doing so would make this a much less viable alternative than it is in Canada. Thus, American periodical publishers do not face the same competition from newspapers as an advertising vehicle.

FOREIGN FILM AND TELEVISION IN CANADA

Foreign, largely American, film and television products are an integral part of every Canadian's experience. Canadians watch foreign films in their cinemas and on home videos (indeed, the Canadian content share of the commercial film market in Canada is only 6.4 per cent). For example, through cable and off-the-air broadcast, virtually all Canadians have access to American programs and sports on their television screens. As a result, American popular culture is part of the everyday life of Canadians.

Canadian culture is simply not accessible in the same way to Americans. This means that the editorial content of American magazines is generally of interest to Canadians, while Canadian magazines cannot attract a large American audience.

Television has another effect on periodical publishing. More and more of the larger magazines are seeking to increase their circulation base by advertising for new subscribers on television. Because foreign television signals reach Canadians, so too does the invitation to subscribe to foreign magazines. There are very few Canadian magazines with a large enough revenue base to enable them to contemplate television campaigns to develop circulation.

CONSTRAINTS ON PRICING

The massive presence in the Canadian marketplace of foreign magazines also affects the price that Canadian publishers can charge for their magazines.

Our studies show that the appearance and size of a magazine have a direct influence on the newsstand price. The proportion of editorial pages in a magazine also influenced the price that consumers were prepared to pay. For a lower per unit cost, a foreign publisher with a larger circulation base and thus larger circulation and advertising revenues, is able to produce a product with more reader appeal than its Canadian counterpart. The cover price charged by the foreign magazine will directly affect the perceived value the Canadian consumer feels she or he is getting in the Canadian magazine. This puts a real constraint on the cover price and, consequently, on the subscription price readers are prepared to pay for Canadian magazines.

NEWSSTAND SALES

The picture is consistent. Only Canadian magazines with very high circulation are represented on most newsstands. More than 81 per cent of the circulation on English-language newsstands is imported magazines, primarily American. Canadians could be forgiven if they did not realize that there is a wide range of excellent Canadian magazines available to them.

Exposure on newsstands is important in building a strong subscriber base. As noted in Chapter II, subscription coupons in magazines sold on newsstands are one of the most effective ways to build a circulation base. The percentage of first-time subscribers that convert to regular subscribers is, on average, 40 per cent to 45 per cent. For those who have used subscription coupons, the "conversion rate" is 60 per cent to 65 per cent. These are much more difficult subscribers for Canadian publishers to reach, given their lack of exposure on newsstands.

In addition to the problem Canadian magazines have in finding room on their own newsstands, there is considerable price competition once they do get there. For example, the cover price of an American magazine on the Canadian newsstand is in many cases the same as the cover price in the United States. At current exchange rates, this results in a price for the American product that is below the price charged in its own domestic market.

OVERFLOW ADVERTISING

The phenomenon of overflow advertising was touched on briefly in the previous chapter. Overflow — or spillover — advertising refers to advertising, which is purchased in foreign magazines by businesses with products and services to sell in North America, that indirectly reaches Canadian consumers through the Canadian circulation of the foreign publications.

Does overflow advertising limit the amount of advertising purchased by a business specifically to reach Canadian consumers? Virtually all Canadian periodical publishers consider that it does. Advertising agencies also consider overflow a factor in advertising decisions. On the other hand, most Canadian-based multinational advertisers reported that it did not influence their purchasing decisions.

To some extent, overflow advertising could well be of particular interest to multinational corporations with Canadian subsidiaries. To assess the impact of this possibility, 30 foreign general consumer magazines circulating in Canada were examined to determine the percentage of advertisers in those magazines that had Canadian subsidiaries. In 15 of the 30 magazines, 0 per cent to 25 per cent had Canadian subsidiaries, in another 13 of the 30 magazines, 25 per cent to 50 per cent of the advertisers had a Canadian subsidiary, and in two magazines 50 per cent to 75 per cent of the advertisers did. A survey of trade magazines produced similar results.

It is significant that the Audit Bureau of Circulation tracks both the single-copy and subscription circulation of approximately 500 American magazines in Canada. Recently, America's leading magazine readership company, Mediamark Research Inc. of New York, has done a pilot Toronto-market survey on magazines, other media and product usage, and plans a Canada-wide survey in late 1995 or early 1996. This pilot survey measures the readership of Canadian and American magazines with Ontario circulations of at least 30,000. If businesses were not factoring into their buying decisions the Canadian circulation of the American magazine, i.e., the overflow advertising, there would be no business reason to enumerate the Canadian circulation of these publications.

While the Task Force has not been able to evaluate precisely the extent of overflow, there is no question that it does exist. Indeed, the O'Leary Commission in the early 1960s[15] commented extensively on the problem. In our view, overflow advertising may well become a bigger issue in the future, thus further reducing advertising revenues available to Canadian magazine publishers.

---

[15] *op. cit.*

TOBACCO ADVERTISING

Finally, the Canadian advertising market is subject to legal restrictions that the American market does not have. The Canadian *Tobacco Products Control Act* of 1989 prohibits the advertising of cigarettes and tobacco products in Canada. By contrast, the category of "cigarettes, tobacco and accessories" is the tenth largest advertising category by revenue in American magazines, generating almost $224 million in 1992.

EXISTING PUBLIC POLICY MEASURES

Since 1965, two legislative measures have provided support to the Canadian periodical publishing industry. These measures recognize the importance of ensuring that Canadian publishers have adequate access to revenues from advertising directed at Canadian consumers so that they can continue to offer Canadians the choice of reading Canadian magazines.

SECTION 19 OF THE *INCOME TAX ACT*

Section 19 of the *Income Tax Act* requires that, in order to deduct the expenses for magazine or newspaper advertising directed at a Canadian consumer, the taxpayer must place those advertisements in a magazine that is at least 75 per cent Canadian-owned and that has editorial content that is at least 80 per cent different from the contents of another magazine.

In the course of our deliberations, we heard from both publishers and advertising agencies that, while initially effective, section 19 has become less and less a factor in advertising decisions. For example, of the 17 advertisers interviewed during the research study, 14 said that the *Income Tax Act* provisions did not play a role in their advertising decisions.

A foreign publisher incurs very few costs in producing a split-run to carry Canadian advertising. Unlike its Canadian counterpart, the foreign publisher does not need the Canadian advertising revenue to contribute to the fixed costs of producing the magazine. There is considerable flexibility, therefore, in the price it can charge for advertising space and still make a profit on its Canadian operations. The publisher of the split-run thus is able to charge a rate for advertising that offsets any negative effect section 19 might have on an advertiser who loses the tax deductibility. For example, *Sports Illustrated* is offering advertisers in its Canadian split-run a full-page 4-colour advertisement for $6,250, roughly half of what it charges for the same advertisement in a regional edition with similar circulation in the United States.[16] Some suggested to the Task Force that this constituted a form of "dumping" of editorial content on the Canadian market.

CUSTOMS TARIFF CODE 9958

The Tariff Code 9958 prohibits the entry into Canada of two types of magazines:

- special editions, i.e., split-run or regional editions, of a periodical that contain an advertisement that is primarily directed to a market in Canada and that did not appear in identical form in all editions of that issue of that periodical distributed in the country of origin; and

- issues of a periodical in which more than 5 per cent of the advertising space is used for advertisements primarily directed at Canadians.

The tariff has worked well for more than 30 years in meeting the policy objective of ensuring that Canadian periodicals have adequate access to revenues from advertising directed at Canadians. However, the publication of a Canadian edition of *Sports Illustrated* has demonstrated that it is possible for split-runs to be printed in Canada and thus avoid the application of Customs Tariff Code 9958.

THE POSTAL SUBSIDY

The postal subsidy for Canadian magazines has been in place since the early 1900s. It was first established for the benefit of Canadian readers, to ensure that they would have access at an affordable cost to Canadian magazines, regardless of where they lived in Canada.

---

[16] The cost of an advertisement in a regional edition of *Sports Illustrated*, in Canadian dollars (at $1.26), is:

Place	Circulation	Page rate	Cost/1000 (CPM)
Canada	125,000	$ 6,250	$ 50
Philadelphia	134,000	$13,487	$101
San Francisco	142,000	$14,035	$ 99
New England	188,086	$18,688	$ 99
Florida	118,000	$12,392	$105

Source: *Rates for regional editions in the United States from S.R.D.S., November 1992*
*Rates for Canadian edition from the **Sports Illustrated Canada** 1993 published rate card*

This subsidy is now only available to paid-circulation Canadian magazines. While the overall subsidy has decreased considerably since the late 1980s, its value to those magazines still receiving it has been maintained. It continues to represent a significant benefit to Canadian readers of magazines.

GRANTS

The Canada Council provides grants to magazine publishers for the publication, translation and promotion of their periodicals. In 1992-1993, this amounted to approximately $2.25 million. In addition, various other federal institutions provide limited grants for special interest publications. Some financial assistance is provided by provincial and municipal governments.

CONCLUSION

The challenges described in this chapter illustrate the fact that Canadian periodical publishers face real difficulties in producing a magazine that can compete both in appearance and in price with imported magazines for the attention of Canadian readers. Some of these features, such as the size and distribution of the Canadian population, cannot be changed. Others could only be changed at a price Canadians are not, and should not be, prepared to pay.

The critical reality that overrides all else in the Canadian magazine market is the penetration of imported magazines. Canada could, in theory, close its borders to foreign magazines. Any such suggestion, however, would fly in the face of the most fundamental Canadian values and would never be contemplated. A commitment to freedom of speech and a lively interest in international views are two defining features of Canadian culture.

The other constraints in the business environment largely follow from the impact of imported magazines on the Canadian marketplace: pricing constraints, newsstand presence and overflow advertising.

The only other restriction that could be withdrawn from the business environment for the publishers is the ban on cigarette and tobacco advertising. Needless to say, in the view of the Task Force this is neither likely nor advisable.

There is, therefore, little the federal government could do directly to counterbalance the difficulties we have just described in the business environment for Canadian magazine publishers.

The legislative measures introduced by the government in the 1960s have helped the Canadian industry to grow and achieve its current economic position by encouraging an adequate flow of Canadian advertising revenue to Canadian magazines. In addition, the postal subsidy has helped both Canadian readers and Canadian publishers by contributing to the cost of delivering magazines to subscribers. Some magazines also benefit from public funding in order to strengthen their economic situation.

These measures do not directly address the structural constraints in the business environment. They do, however, provide a counterbalance to them. The question that remains to be addressed is whether the advent of split-runs would threaten this fragile equilibrium.

■ **CHAPTER V**

THE POTENTIAL IMPACT OF SPLIT-RUNS

INTRODUCTION

In the world of business, the success of a pioneer inevitably attracts imitation. Frankly, it would be unrealistic to pretend that the landscape has not changed because of the *Sports Illustrated* experiment with a split-run Canadian edition. The signal has gone out that it is now possible for non-Canadian magazines to enter the Canadian advertising market, notwithstanding the measures in place since 1965 to discourage this phenomenon. Other publishers are already exploring the opportunities of launching a split-run in Canada.

The Task Force, through commissioned research, looked at what might happen if current policy instruments were not updated to meet their original objectives. The following analysis is necessarily an exercise in crystal-ball gazing. We have attempted to evaluate the risk to the Canadian magazine industry if some action is not taken now. It could be potentially disastrous to wait to see what actual harm split-runs would cause to the Canadian market before taking action. Once lost, Canadians would likely never regain the range of choice and breadth of coverage they now enjoy in reading their own magazines.

SPLIT-RUNS AT THE DOOR

A number of factors could determine whether a foreign publisher is likely to follow the lead of *Sports Illustrated* and begin printing a Canadian regional edition of its magazine, containing advertising directed at Canadians.

The incentive, as in all business enterprises, is profit. If the magazine can increase its profit by venturing into the Canadian advertising market, then it is likely to do so. A profit for the foreign publisher only requires that the incremental revenue from advertising in the regional edition exceeds the costs of producing that split-run. Since its fixed costs have already been recovered in the larger home market, and the costs of distribution in many cases are already incurred with existing Canadian circulation, this would appear to offer an inviting prospect for a foreign magazine.

Technological advances in electronic transmission of data and in computer printing methods provide low-cost means of producing high-quality regional editions. Thus, for a foreign consumer magazine that already has a Canadian circulation base, the increased ease of printing in Canada makes the publication of a

Canadian edition an attractive proposition. Similarly, most Canadian trade magazines have a foreign counterpart that could easily produce a Canadian split-run edition.

In assessing the possible impact on the advertising revenues of Canadian magazines if regional editions of foreign magazines were to enter the Canadian market, the Task Force research looked at a number of elements, including the following:

- the number of foreign magazines that have the potential to enter the Canadian market in search of advertising revenue;

- the proportion of foreign magazines that might actually produce Canadian split-runs;

- the average number of advertising pages in those split-runs; and

- the proportion of available advertising pages that might be sold in the split-run editions.

This analysis was applied both to English-language consumer magazines and to English-language business trade magazines, as these are the magazines identified as being the most vulnerable to split-run editions of foreign magazines. These projections are based on a notional time frame of five years, long enough for most of the adjustment to have taken place.

In considering this exercise, it must be kept in mind that business decisions are made on more than mere potential. What is outlined in the following is not intended to be alarmist. It is simply a projection of what might take place if the example set by *Sports Illustrated* were deemed by other foreign publishers to indicate that the Canadian market holds sufficient attraction for a publisher contemplating expansion opportunities. Outlining potential action is not the same thing as flagging opportunity that cannot wait to be exploited. However, our projections, if carried to the ultimate in business decision-making, serve to emphasize what could happen to the Canadian magazine industry if additional split-runs enter the Canadian market.

CONSUMER MAGAZINES

There are at least 44 foreign English-language consumer magazines with Canadian circulation per issue greater than 50,000. At least 65 foreign English-language magazines have circulation in Canada of between 20,000 and 50,000 and there are 371 with paid circulation less than 20,000. From these ranks, our study indicates that about 53 English-language consumer magazines are potential entrants to the Canadian advertising market.[17]

---

[17] The number of potential entrants could range from 20 to 120. The distribution of the range is such that it is highly likely that a few magazines will enter, and less likely that the number of magazines at the upper end of the range would enter.

It is likely that most foreign English-language magazines with Canadian circulation per issue greater than 20,000 are already shipping their copies to Canada in bulk for distribution. The only additional expenses would be the difference between Canadian and foreign printing costs, for the Canadian edition, and the incremental selling costs for Canadian advertising. This suggests that 70 per cent of magazines identified as potentially entering the market would actually enter the Canadian market.[18]

A reasonable estimate of the potential number of advertising pages available per split-run edition is 1,000, with a range of 200 on either side. This estimate for foreign English-language magazines is based on the average number of advertising pages per year for the top 50 American magazines, which is slightly less than 2,000.

How much of that potential advertising space would actually be sold in the split-run editions? The number of available pages in the Canadian market, with the increment of Canadian regional editions, would be quite high. Thus, while the first pages would sell quite easily, particularly since it is expected that foreign firms will offer advertisements at lower prices than now prevail in the Canadian market,[19] not all pages would sell. It is likely, therefore, that the proportion of available advertising pages sold will be about 70 per cent, with a range of 55 per cent to 90 per cent.

Combining these factors, the total number of foreign advertising pages that will be sold in the Canadian consumer market is the product of these four estimates,[20] or 26,133 pages. The total number of advertising pages in the English-language Group II magazine category in 1991 was 70,548.

Naturally, not every Canadian magazine would lose 37 per cent of its advertising pages, as the impact would not necessarily be distributed equally over all consumer magazines. But since we forecast in Chapter III that the amount of money spent for magazine advertising will not increase, the Canadian consumer periodical industry overall would stand to lose 37 per cent of its current advertising revenue.

---

[18] There is an equally probable range of 60 per cent to 80 per cent.

[19] Lower advertising rates are possible because the split-run would not incur the cost of producing, as a Canadian magazine must, the entire editorial content for the Canadian market.

[20] That is, the potential number of split runs (53.33), times the percentage of those that would actually enter the Canadian market (70%), times the number of advertising pages available in each entrant (1,000), times the number of available advertising pages that would sell (70%).

BUSINESS AND TRADE MAGAZINES

English-language trade magazines were identified in both of the research studies the Task Force commissioned as the group most vulnerable to the impact of foreign split-run editions entering the Canadian advertising market. The following analysis describes what would likely happen to this sector if no changes are made to existing policy instruments.

It is likely that there are at least 70 foreign English-language trade magazines that could enter the Canadian market, and perhaps as many as 220. The mean is 120 magazines.

A Canadian regional edition of a foreign trade magazine would be profitable and provide a high rate of return on sales. It is expected that 90 per cent of the potential foreign English-language publishers would enter the Canadian market, with a range from 80 per cent to 100 per cent.

Each split-run magazine would add a potential 250 advertising pages per year in the Canadian market. This is somewhat less than the average number of annual advertising pages for Group I magazines in 1991 (262 pages), as Group I includes some consumer controlled-circulation publications.

It is expected that foreign publications would have little difficulty in selling ad pages. For example, roughly half of the businesses currently advertising in Canadian trade magazines are based in the United States. Therefore, the American split-run, given that it will be competing for these same advertisers, has no relative disadvantage in selling advertisements, as they likely would already have contacts with the American firms. It is expected that the proportion of advertising pages sold will be 80 per cent, with a range of 70 per cent to 90 per cent.

Based on a combination of these four factors, Canadian regional editions of foreign English-language trade magazines could supply as many as 21,600 pages of new advertising to the Canadian market. Canadian business trade publications now have approximately 55,000 pages of advertising annually. This new supply would amount to 39 per cent of the total currently available.

If the foreign split-runs were to sell only 45 per cent, rather than 90 per cent, of the potential advertising pages, this would still amount to 19 per cent of the Canadian market, a share that Canadian trade publications cannot afford to lose without falling to a loss position.

IMPACT ON CANADIAN MAGAZINES

The initial effect of the entry of Canadian regional editions of foreign magazines into the Canadian advertising market would be a loss of advertising pages in Canadian publications offering advertisers a readership with similar demographics. The second impact would be on circulation, as the foreign publication made efforts to expand its existing Canadian circulation base in order to attract increased advertising revenue.

The following *pro forma* operating statements model the impact over three years of the two-stage process described above, i.e., first the drop in advertising revenue and then the corresponding drop in circulation revenue. The model is based on actual revenues and expenditures of one of Canada's more successful consumer magazines multiplied by the same constant to maintain confidentiality.

The first impact, a loss in advertising pages, translates into a proportional decline in advertising revenue. The model in Table 15 is based on a drop of 40 per cent. Some of the loss in revenue is offset by a decline in variable costs, but fixed costs remained the same. The net effect of the 40 per cent drop in advertising pages is to reduce profit by 61 per cent, with the operating profit margin falling by 10.84 percentage points.

TABLE 15

Impact I: Loss of 40 Per Cent of Advertising Revenue

	Base Case ($ 000)	Impact (%)	−40 Per Cent Ad Pages ($ 000)
REVENUE			
Subscriptions	2,393		2,393
Single-copy	1,167		1,167
Advertising	6,416	−40.00	3,846
Other Revenue	24		24
Total Revenue	**10,000**	**−25.66**	**7,434**
EXPENSES			
Circulation	837		837
Production	3,271	−29.64	2,301
Advertising	524	−40.00	314
Editorial	942		942
Administration	2,159		2,159
Total Expenses	**7,733**	**−15.25**	**6,554**
Operating Profit	**2,267**		**880**
Operating Profit as Percentage of Revenue	**22.67%**		**11.83%**

Note: Some cost categories are not comparable to other tables.

Source: Informetrica Ltd.

TABLE 16

Impact II: Loss of 20 Per Cent of Circulation Revenue

	Base Case ($ 000)	Impact (%)	−20 Per Cent Circulation ($ 000)
REVENUE			
Subscriptions	2,393	−20.00	1,914
Single-copy	1,167	−10.00	1,051
Advertising	3,849	−6.00	3,618
Other Revenue	24	−14.80	21
Total Revenue	**7,434**	**−11.16**	**6,604**
EXPENSES			
Circulation	837	−10.00	753
Production	2,301	−8.00	2,117
Advertising	314	−6.32	295
Editorial	942		942
Administration	2,159		2,159
Total Expenses	**6,554**	**−4.39**	**6,266**
Operating Profit	**880**		**338**
Operating Profit as Percentage of Revenue	**11.83%**		**5.11%**

Note: Some cost categories are not comparable to other tables.

Source: Informetrica Ltd.

The second impact (Table 16), on circulation, is measured relative to the first impact. The loss of circulation resulted in a decline in subscription revenue of 20 per cent and a decline of 10 per cent in newsstand sales. List sales[21] decline, and advertising revenue is negatively affected. Revenues declined by 11.2 per cent and costs by 4.4 per cent. Total operating profits went down by another 61.5 per cent, and the profit rate declined by an additional 6.7 percentage points.

The combined shock of lower advertising pages and lower circulation reduced operating profit by 85 per cent. A profitable magazine (operating profit of 22.7 per cent) has become a marginal one (5.1 per cent). Optimal responses on the part of the magazine would include lowering the price of an advertising page, lowering circulation price, reducing the number of editorial pages to conform to the net loss of advertising pages, reducing promotional expenditures, and reducing money spent to market advertising. With these responses, only about 28 per cent of the initial loss of profit would be regained. Profits would still decline, although by 60 per cent rather than by 85 per cent.

---

[21] "List sales" refers to the sale of mailing lists to other organizations interested in reaching the subscribers of the magazine.

These optimal business responses, however, are clearly not ideal responses from the point of view of cultural development. The magazine reaches fewer Canadians, with fewer editorial pages.

Few Canadian magazines could withstand this type of shock. In the Canadian magazine industry, 94 per cent of all profitable magazines would move to zero operating profit if they were to lose 40 per cent of their advertising revenue, all other factors remaining constant. In fact, of profitable Canadian magazines that receive at least half of their revenues from advertising, the average magazine could lose only 17 per cent of its advertising revenue before dropping to zero operating profit.

Should split-runs of foreign magazines enter the Canadian market along the lines of the hypothetical scenario described in this chapter, Canadian magazines would respond in a variety of ways.

Some magazines would simply stop publishing altogether.

Others would attempt to stay competitive to the possibly lower-priced advertising of the split-runs by reducing their own advertising rates. However, by reducing the revenue from advertising, these magazines would inevitably have to reduce the budget intended for quality editorial. The number of editorial pages would decrease, and circulation would decline because of the perception of the magazine lowering its editorial standards of quality. The end result would soon be evident: a downward spiral.

The impact on trade magazines would be even more dramatic because they rely so heavily on advertising revenue, and the negative effects would be more immediate.

CONCLUSION

The viability of the Canadian periodical publishing industry would clearly be at risk should foreign split-runs follow the pattern of the model drawn from the Task Force's research. The two studies commissioned by the Task Force approached the question of the impact of foreign split-runs in the Canadian market from different angles, but arrived at fundamentally the same conclusion: the Canadian magazine industry would be seriously hurt by the entry of split-runs, and its important contribution to Canadian communication and cultural development would be diminished.

The Task Force has concluded that, while the numbers arrived at in the research analysis are necessarily hypothetical, the threat outlined in this chapter is real.

■ **CHAPTER VI**

STRIKING A BALANCE: FREE TRADE AND CULTURAL DEVELOPMENT

INTRODUCTION

Canada has a vested interest in an open and stable system for cross-border transactions. However, as international trade leads to an increasingly globalized world of commerce, it is our culture that makes us distinctive more than any other factor.

The Government of Canada must therefore maintain effective policies and policy instruments in support of cultural development. At the same time, it must find a way to strike a balance between the sometimes competing objectives of trading internationally and preserving our own distinctive identity.

If we value who we are as a nation and a people, Canadians need to have access to cultural products that mirror our own experience and outlook. This depends on keeping our cultural industries healthy.

A TRADING NATION

Canada is a trading nation. Exports account for more than 30 per cent of the national income, and more than three million Canadian jobs depend on trade. Whether markets are open or closed, whether there are customs duties, quotas or restrictions, exports have an effect on the jobs of Canadians in every sector of the economy. That is why, since World War II, Canada has been at the forefront of countries supporting the liberalization of trade with a view to creating a fair marketplace for Canadian goods, services and investment. Other countries, and all of our major trading partners, have endorsed this trend through a myriad of international treaties and agreements whose purpose is to establish rules, order and predictability in the international trading system.

Two major international trading agreements in the past year reflect the trend toward greater integration of the world economy, and are designed to improve Canadian access to international markets. The North American Free Trade Agreement (NAFTA) between Canada, the United States and Mexico entered into force on January 1, 1994. In addition, Canada contributed actively to the successful completion, in late 1993, of the Uruguay Round of multilateral trade negotiations that will significantly liberalize the world trading system under the auspices of the proposed World Trade Organization, the umbrella for the General Agreement on Tariffs and Trade (GATT) and other sectoral agreements on trade.

These two agreements are intended to open new opportunities and new markets for Canadian business. The dispute settlement provisions in these agreements will ensure greater fairness and certainty in the application of trade rules.

Successive Canadian governments have sought to reconcile a freer trading environment with the need to preserve the Canadian identity, conveyed in all its complexity and range through our cultural industries. The special status of cultural industries is recognized in the Canada-United States Free Trade Agreement (FTA), and in the NAFTA. The government is permitted to adopt measures to promote these industries that otherwise would be inconsistent with the agreements. Nevertheless, as will be seen in Chapter VII, the Task Force is recommending new measures that are consistent with Canada's international trading obligations and that do not require, in our opinion, recourse to the special status of cultural industries under the free trade agreements.

AN OPEN SOCIETY

Canada's commitment to an open international trading system and open markets is evident in its willingness to accept foreign cultural products. Canadian cinemas, television screens, record shops, book stores and newsstands testify to this fact more than those of any other country in the world.

Statistics Canada information for 1991-1992 shows the extent to which the Canadian market is dominated by foreign production:

- Foreign-controlled companies enjoy an 83.4 per cent share of the revenue (totalling $184.6 million) from the distribution of commercial films. The Canadian content share of the total Canadian commercial film market is only 6.4 per cent;

- Canadian-content releases represent only about 15 per cent of sound recordings distributed in Canada; and

- Canadian-authored books accounted for 43 per cent of the revenue from books sold in Canada by Canadian-based publishers in 1991-1992.

These statistics testify to the unparalleled openness of Canada to foreign cultural products. Similarly, Canadian readers are open to imported magazines:

- Canadian magazines account for 67.6 per cent of magazines sold in Canada, with English-language magazines accounting for only 18.6 per cent of sales on Canadian newsstands.

At the same time, Canadian readers have demonstrated that they value magazines that address their interests and perspectives. Despite the widespread availability of foreign magazines, Canadians are prepared to pay more for magazines developed specifically for the Canadian market.[22]

In its 1987 publication, *Vital Links: Canadian Cultural Industries*, the Government of Canada outlined a comprehensive policy for cultural industries. The policy itself reflects the inherent conflict between globalization and the desire for cultural development in Canada. It makes a strong argument for government support of cultural industries. The negative implications of excessive globalization in the culture and communications field are described as follows:

> Canadians are keen internationalists, a vocation implying a breadth and depth of choice. By contrast, globalization is a process leading to centralization of decision making and a narrowing of choice.
>
> ... the concern is not with ease of access to the products of other cultures, it is rather with the difficulty of access to our own products, a difficulty that is primarily a function of the economics of the cultural industries, which place the cheaper, mass marketed, imported products at such a distinct advantage. The effects are economic, to be sure, but our concerns are cultural — the need to sustain for Canadians an adequate choice.

FREEDOM OF CHOICE

Respect for freedom of expression has always been very strong in Canada. It is inconceivable that any Canadian government would ever limit the ability Canadian readers have to read publications from around the world. The access Canadians now enjoy to publications produced especially for them must not be diminished. Canadians have legitimate aspirations to maintain and develop a magazine publishing industry of their own, where ideas are expressed from a Canadian perspective. For the Task Force, preserving a viable Canadian periodical industry is the *sine qua non* of freedom of choice.

The dilemma of the magazine industry is to provide Canadians with a distinctive vehicle for the expression of their own ideas and interests, while at the same time facing enormous competition

---

[22] Canadians may pay more either by paying a higher price for a Canadian magazine that is comparable to a foreign magazine, or by paying the same price for a Canadian magazine of lesser quality.

from foreign magazines; competition that will remain unabated because of free trade, the market economy and the broad national consensus on freedom of choice.

A simplistic response might be to suggest that the magazine industry — and other cultural industries — should take advantage of the economies of scale that North American free trade offers. Magazines already covering their fixed costs in Canada could expand into the United States or Mexico for little more than the incremental distribution and printing costs associated with enlarged circulation. Where Canadian circulation is not sufficient to cover fixed costs, there could be an opportunity to exploit economies of scale by entering the North American market.

There are, however, indisputable obstacles for Canadian magazines that might wish to enter the North American market. The United States is omnipresent in the life of every Canadian, but Canada remains a hidden secret for most Americans. The odds of a Canadian challenger breaking through this stereotypical indifference to Canada on the part of most Americans are very high. As for Mexico, the fact that it is Spanish-speaking makes it unlikely that Canadian magazines would sell well there.

To try and make magazines developed for the Canadian market appealing to a foreign audience would mean abandoning or at least diluting what makes them attractive to Canadians. Canadian and foreign magazines are not perfect substitutes for one another. Whereas the Canadian market for consumer magazines is highly receptive to a foreign outlook on politics and entertainment, the inverse is not true.

As for trade magazines, those developed specifically for the Canadian market provide industry with Canada-specific information on new and existing products, labour, safety, and environmental standards and regulations, on trade shows, on industry innovations, on suppliers, clients and other trade contacts. Without Canada-specific material, Canadian business and professions would lose a valuable source of information and a valuable means of communication that, at the same time, stimulates economic activity in Canada.

THE PUBLIC POLICY RESPONSE

This, then, is the situation in which Canadian magazines find themselves. They must publish and survive in a market that is characterized by unparalleled openness to foreign ideas and products, and in a policy framework that, while supportive of Canadian culture and identity, must balance that objective against the commercial reality that Canada needs open markets to trade and survive.

Public policy, therefore, has an enormous impact on both the viability of Canadian magazines and periodicals and the development of material unique to the Canadian market. The success or failure of public policy will determine whether the people of this country have the freedom to read not only foreign magazines but also magazines developed to address their own unique needs and perspectives.

Canadian readers have wide access to foreign periodicals, as can be seen by the fact that 32.4 per cent of the magazines circulating in Canada are from other countries. We are richer because of our exposure to ideas and perspectives from around the world.

At the same time, it is important to ensure that there continues to be space in Canada for Canadian magazines to flourish. Without Canadian magazines, or with a much reduced selection and quality, Canadians would lose some of the rich tapestry of ideas and information we now have, and to which we have a legitimate claim. We would certainly lose a Canadian perspective in our reading material.

The challenge for us as a country is to find ways to maintain a place for Canadian periodicals, while at the same time welcoming foreign magazines. The problem with split-runs is that they could seriously reduce the supply of advertising revenue for Canadian magazines. They can earn revenue from the sale of space in a magazine whose editorial costs had, either completely or almost completely, been covered in its own domestic market. The Canadian magazine must support the entire costs of producing its magazine from revenues earned in the Canadian market.

It is clear that the most effective way to maintain a continuing Canadian periodical press is to ensure, to the extent possible, that it has adequate access to advertising dollars spent in magazines to reach Canadian consumers. The measures that the Canadian government put in place in 1965 — section 19 of the *Income Tax Act* and Customs Tariff Code 9958, referred to in greater detail in Chapter IV — were designed to do just that.

The Task Force believes that public policy must continue to promote the ability of Canadians to enjoy this freedom of choice. Canada itself would be diminished by anything less.

Our research shows that it is necessary to maintain the policy objectives behind the 1965 measures referred to above, but that the measures themselves must be adapted to changing circumstances. The changes we are recommending to existing measures do not alter the fundamental policy, but will merely bring the measures into line with current realities. At the same time, the Task Force is fully aware of the dependence of Canada on international trade and its interest in promoting a free and open international trading system. The new tax measure we are recommending is consistent with our trade obligations and strikes a balance between the need to encourage economic development through freer trade and to recognize the importance of cultural development in Canada.

■ CHAPTER VII

A RENEWED FRAMEWORK OF SUPPORT

INTRODUCTION

Free speech would lose much of its potency if there were no Canadian magazines. Without the means to express a distinctive voice speaking to a Canadian audience, cultural expression, social cohesion and a sense of national destiny would be impaired, if not irrevocably damaged.

As part of their heritage, Canadians are doubly fortunate to have unparalleled access to publications from around the world. It is the Task Force's desire to maintain this freedom of choice, and the measures it is proposing do nothing to deny Canadians the right to purchase the magazines of their choice. We cannot make our borders impenetrable even if we wanted to, which we decidedly do not.

The object of the Task Force recommendations is not to discourage readership of foreign magazines, but to maintain an environment in which Canadian magazines can grow and prosper in Canada alongside imported magazines. This is the high-wire balancing act that the Task Force is attempting to accomplish.

The measures we are recommending are consistent with the broad principles of the cultural and media policies of successive federal governments since the 1930s. These policies have been developed in response to the fact that the cultural industries in this country — film, television, sound recordings, books and magazines — are largely dominated by foreign products. If left to market forces alone, a day could arrive when Canadians would no longer enjoy the choice that they have today between foreign cultural products and those developed for the Canadian market. There simply would be no Canadian product because of the relatively small size and the vulnerability of our cultural industries.

The Government of Canada has adopted a variety of policies and measures to strengthen the viability of Canadian cultural producers: it promotes, for example, Canadian ownership and content in the broadcast media; it requires the review of investment by foreigners in businesses relating to Canada's cultural heritage and national identity; and it encourages Canadian ownership and original content in the newspaper and magazine industries.

The recommendations of the Task Force follow in this tradition, while at the same time seeking to ensure that Canada's rights and obligations under international trading arrangements, such as the

GATT, the FTA and the NAFTA, are respected. We have also been careful to ensure that the measures we are proposing represent a proportionate response to the problems being faced by Canadian magazines, which have been outlined in detail in the body of this report.[23] We are convinced that what is being proposed interferes as little as possible with freedom of expression or choice. Indeed, in the final analysis, we are seeking to expand choice by ensuring the continued availability of magazines with original content.

The Task Force's recommendations can be divided into three categories: legal measures, which the Task Force recommends the Government of Canada implement as soon as possible either under the authority of existing legislation or through the enactment by Parliament of new measures; new policies for the Government of Canada and, in some cases for the provinces, that the Task Force believes will promote the continued viability of a Canadian magazine industry; and the reaffirmation of a number of existing policies and practices of both government and industry that the Task Force considers essential to the maintenance of a strong Canadian periodical publishing industry.

LEGAL MEASURES

EXCISE TAX ACT

Recommendation: *that an excise tax be imposed on a magazine or periodical distributed in Canada that contains advertisements primarily directed at Canadians and editorial content which is substantially the same as the editorial content of one or more issues of one or more periodicals that contain advertisements that, taken as a whole, are not primarily directed at Canadians. The tax would be payable by the printer or distributor of those magazines.*

This tax would be levied on a per issue basis in an amount equivalent to 80 per cent of the amount charged for all advertising appearing in that issue. The amount charged for all advertising would be determined by multiplying the publicly advertised single-insertion page rate by the number of pages of advertising appearing in the issue.

Exemption: *Magazines that otherwise would be subject to the proposed tax as of the date of this report, should be exempt at the number of issues per annum that were distributed in Canada in the year preceding this report.* (See Appendix 1 for a detailed discussion of this exemption).

---

[23] See Chapter IV in particular for an analysis of the competitive environment facing Canadian magazines.

Comment

The Task Force is of the view that the best way to encourage the viability of the Canadian magazine industry is to foster conditions in which magazines with original editorial content can be profitably published, distributed and sold in Canada. The ability of split-runs with recycled editorial content to injure the Canadian magazine industry was extensively documented by the O'Leary Commission in 1961 and confirmed by our own research.[24] By fostering original content, this recommendation will benefit all writers and publishers at the same time as respecting Canada's international trade obligations.

The Task Force recommends that a tax be imposed on magazines distributed in Canada that contain advertisements primarily directed at Canadians and editorial content which is substantially the same as the editorial content of one or more issues of one or more periodicals that contain advertisements that, taken as a whole, are not primarily directed at Canadians. We recommend that "substantially the same" be defined to mean more than 20 per cent the same. This content requirement is similar to the existing rule for the deductibility of the cost of advertising as a business expense in section 19 of the *Income Tax Act* (which prohibits deductions for advertising in magazines the contents of which, excluding advertisements, are more than 20 per cent the same as the contents of an issue of a periodical or periodicals printed, edited or published outside Canada). As well as attaching a percentage to the term "substantially the same", we recommend that the legislation also require the margin of difference to be significant and not merely cosmetic or trifling.

A number of technical rules and regulatory authority will have to accompany the proposed tax. In addition to section 19 of the *Income Tax Act*, precedents for some of these rules can be found in the regulations respecting Customs Tariff Code 9958. The Task Force is confident that the Department of Finance and Revenue Canada, in consultation with the Department of Canadian Heritage, will have little difficulty in developing and applying the tax.

The rate of tax should be sufficiently high to improve the ability of original editorial material to attract advertising directed at Canadian consumers. It is for this reason that the tax rate should be 80 per cent of the amount charged for all advertising appearing in an issue in order to effectively promote original content magazines. That amount should be determined by multiplying the

---

[24] See Chapter V, "The Potential Impact of Split-runs."

publicly advertised single-insertion page rate by the number of pages of advertising. This is a widely available and readily determinable amount.

The new tax is consistent with Canada's international trade obligations. By focusing on original content, the tax does not violate the national treatment provisions for goods in the GATT, the FTA and the NAFTA.[25] Quite apart from the fact that editorial content beamed into Canada is not a "good" for customs purposes, no discrimination would be taking place under the tax between imported and domestic non-original editorial content. Similarly, the tax is not discriminatory against foreign investment. It would be paid by all printers or distributors of editions falling within the purview of the tax, notwithstanding the national origin of the investor. Nor does the proposed tax impose a domestic content requirement in violation of the FTA and the NAFTA. It promotes original content, regardless of country of origin. Similarly, the tax is not discriminatory against foreign services. Even if publishing a magazine constitutes a service within the meaning of Canada's international trade rules, which is far from clear, the tax applies only on the basis of whether the non-original content is printed in a magazine that contains advertisements directed at Canadians, regardless of the nationality of the author or the country of origin of the magazine.

Although favouring the development of original editorial content, regardless of country of origin, goes beyond the narrower focus of promoting only content of Canadian origin, the Task Force is of the view that, on balance, it is better to aim wide and comply with trade obligations by promoting original content than to target a narrow field and end up in protracted disputes with Canada's principal trading partners by promoting Canadian content alone. In other words, although it is quite obvious that the Task Force is concerned with the survival of magazines expressing a Canadian perspective and view of the world, it believes that the best way to achieve that objective is to promote original content, regardless of country of origin. By promoting magazines with original content, the new tax will meet that objective and at the same time meet Canada's international trade obligations.

INCOME TAX ACT

Recommendations:

a. *that the **Income Tax Act** be amended to require periodical publishers operating in Canada to file an annual information return that reports the ownership and editorial content for each title published in Canada;*

---

[25] National treatment is the requirement that imported goods receive treatment no less favourable than that accorded domestically produced goods.

b. *that Section 241 of the **Income Tax Act** be amended to allow the Department of National Revenue annually to make public a list of periodicals that conform to section 19, compiled from publishers' annual information returns;*

c. *that the Department of National Revenue and the Department of Canadian Heritage enter into an administrative agreement under which the latter will review for accuracy, prior to its being made public, the list referred to in (b) above;*

d. *that an anti-avoidance measure be added to section 19 to authorize the Minister responsible for the Act to determine whether in fact a newspaper or periodical is Canadian-owned; and*

e. *that the Department of National Revenue, in collaboration with the Department of Canadian Heritage, issue an information bulletin to ensure that advertisers and advertising agencies are aware of the provisions of section 19.*

Comment

Section 19 of the *Income Tax Act* permits the deduction of the cost of advertisements directed at the Canadian market that are placed in Canadian periodicals; that is, periodicals that are 75 per cent Canadian-owned and whose contents, excluding advertisements, are not substantially the same (i.e., 20 per cent the same) as the contents of an issue of a periodical, or the contents of one or more issues of one or more periodicals that was or were printed, edited or published outside Canada.

These provisions have been in place since 1965. Over the years, section 19 has played an important role in strengthening the Canadian periodical publishing industry. The Task Force heard from many sources over the course of its deliberations that the provisions of section 19, for a variety of reasons, have gradually been more honoured in the breach than in the observance. To ensure the continued effectiveness of this measure, it is important to both improve taxpayers' understanding and compliance with the law, and to assist Revenue Canada auditors in their review of section 19 compliance. The recommendations we are making are designed to increase awareness of this measure and to simplify its administration.

An amendment to the *Income Tax Act* requiring publishers of periodicals to file an information return containing details on the ownership and the content of their magazine titles will make the section easier to audit (item a). Magazines not filing a return would be presumed to be non-Canadian for the purposes of the Act, i.e., advertising in them would not be deductible as a business expense. A list would be published yearly, based on the information returns, advising both taxpayers and auditors of which titles qualify for a deduction under section 19 (item b). Although the

Task Force is recommending that the Department of Canadian Heritage, the department responsible for periodical publishing policy, reviews this list for accuracy (item c), it is our view that, in practice, this list should be largely self-regulating.

Another administrative question that has arisen with respect to section 19 is the provision concerning Canadian ownership, and whether this provision is too easily circumvented. We therefore recommend that the Minister responsible for the Act have the authority to assess whether, for the purposes of section 19, a publisher is in fact Canadian owned (item d). This provision would be similar to subsection 26(2) of the *Investment Canada Act*, which empowers the Minister responsible for that Act to determine whether a business in the cultural sector that meets, *prima facie*, the definition of Canadian control under the Act is indeed Canadian-controlled.

The magazine industry expressed concern that section 19 was not being rigorously audited. Section 19 is currently a mandatory item in every audit that Revenue Canada undertakes. These recommendations should assist both advertisers and auditors, and facilitate these mandatory audits.

Finally, we found that there was inadequate knowledge and understanding in the advertising industry of the provisions of section 19. Our final recommendation in this area, therefore, is that the government take steps to raise awareness of the provisions of section 19 in the industry (item e).

TARIFF CODE 9958

Recommendations: *that Tariff Code 9958 be conserved in the same form it has had since 1965.*

Comment

We are recommending that Customs Tariff Code 9958 be retained. It has a role to play in all circumstances except those where a magazine no longer crosses the border in its final format.

Some of those who presented briefs to the Task Force urged us to recommend the expansion of Tariff Code 9958 to deem editorial content beamed into Canada to be a "good", thus removing the possibility of avoiding the tariff by printing the edition in question in Canada. This raises complex issues related to cross-border data flow and the treatment of intellectual property and other intangibles in the customs tariff, with international implications beyond the scope of the mandate of the Task Force.

Canada has open borders for all printed matter, including magazines. As a result, Canadians have unsurpassed access to magazines published around the world. As we said in our interim report, however, the terms of this access should not be such as to undermine the Canadian magazine industry.

INVESTMENT MEASURES

Recommendation: *that the **Investment Canada Act** be amended to provide that, when the Minister responsible for that Act issues an opinion or takes any step or makes any recommendation in connection with matters relating to Canada's heritage or national identity concerning magazines or periodicals and the applicability of the **Investment Canada Act**, he or she do so with the concurrence of the Minister of Canadian Heritage.*

Comment

The Task Force considered recommending that the *Investment Canada Act* be amended to revise the definition of "Canadian business" for the publishing sector so that it would no longer be necessary to have a place of business, employees and assets in Canada in order for an investment related to Canada's national identity or cultural heritage to be subject to notification and review under the Act. The Task Force rejected this approach for constitutional and practical reasons. Essentially, the *Investment Canada Act* is an inappropriate vehicle for controlling an activity where there is no business presence in Canada.

However, in its Interim Report, the Task Force recommended that the *Related-Business Guidelines* under the Act be amended to clarify the situation applicable to the magazine or periodical industry. The government accepted this recommendation in July 1993.[26] We reaffirm the importance of this step in ensuring that the Act is properly applied in accordance with Parliament's intention that foreign investment in this vital industry is properly reviewed. The guideline makes clear that all proposed investments in magazine or periodical titles not already being published in Canada are subject to notification and review under the Act.

That review, among other factors, considers the compatibility of the investment with national cultural policies and cultural policy objectives (section 20 of the *Investment Canada Act*). Since the Minister of Canadian Heritage is responsible for magazine and periodical publishing policy, the Task Force considers it essential that the Minister responsible for the *Investment Canada Act* obtain

---

[26] The July 19, 1993, government announcement is reproduced as Appendix 5 of this report.

the concurrence of the Minister of Canadian Heritage before issuing an opinion on the applicability or non-applicability of the Act or taking any other step related to a proposed investment in the magazine or periodical publishing and distribution sector.

NEW PUBLIC POLICIES

GOODS AND SERVICES TAX

Recommendation: *that if the government's review of the Goods and Services Tax results in a new tax regime that includes exemptions, the government consider eliminating federal sales tax on all reading materials, including magazines.*

Comment

A Special Committee of the House of Commons is currently reviewing the federal Goods and Services Tax. The Task Force does not wish to pre-judge the outcome of that review. However, with a view to stimulating the consumption of magazines generally, and magazines published in Canada with original content in particular, the Task Force believes the government should give serious consideration to eliminating any sales tax on reading materials in any new tax regime that includes exemptions.

POLICY DIRECTIONS RESPECTING GOVERNMENT ADVERTISING

Recommendation: *that the federal and provincial governments, their agencies and corporations, make every effort to support the Canadian magazine industry by placing magazine or periodical advertisements directed at the Canadian market in a way that is consistent with federal government policy regarding Canadian periodical publishing.*

Comment

Federal and provincial Crown corporations, government departments and agencies are large advertisers. In fact, the Task Force was interested to note that, in 1992, the federal government was the largest advertiser in Canada, spending $113.2 million (more than McDonald's Restaurants of Canada, Pepsico Inc., Coca-Cola Ltd. and General Mills combined).

The Task Force urges the federal government to use its spending power in this sector in a manner that is consistent with the government's magazine and periodical policy. Without adding to expenditures, all federal departments and agencies could make a significant contribution to the Canadian periodical publishing sector by placing advertisements directed at Canadians in magazines and periodicals that contain at least 80 per cent original content.

The Task Force invites provincial government departments, Crown corporations and agencies to give similar support to the Canadian periodical industry.

PROVINCIAL GOVERNMENT MEASURES

Recommendation: *that the governments of the provinces take measures within their jurisdiction to support a viable Canadian magazine industry, including measures that will address the problem posed by the publication and distribution of split-run editions.*

Comment

The Task Force recognizes the significant role of the provinces in the regulation of cultural industries, including the media. Indeed, detailed regulation of the newspaper or magazine industry, including many of the elements involved in the publication and distribution of magazines, falls outside federal jurisdiction. That is why the Task Force, in making its recommendations for action by the Government of Canada has concentrated on those elements that fall within the power of Parliament and the government to act, such as the enactment of an excise tax, amendments to the *Income Tax Act*, amendments to and changes of policies under the *Investment Canada Act* and so on.

The Task Force recommends, however, that the federal government encourage the provinces to take steps within provincial control to assist the magazine industry in Canada. Some provinces have already adopted measures to encourage the print media. For example, the Government of Ontario has established an advisory group on cultural industries that is expected to report shortly. We are hopeful that the Ontario Task Force will recognize the difficulties faced by the magazine industry because of the split-run phenomenon and that it will recommend steps the provincial government should take to deal with the problem from its perspective and powers.

Indeed, the Task Force is of the view that it is only through the concerted action of the federal and provincial governments that a viable public policy for magazines can be established, involving measures that both orders of government can take within their respective spheres or jurisdiction.

REAFFIRMATION OF EXISTING POLICIES AND PRACTICES

THE POSTAL SUBSIDY

Recommendation: *that the federal government maintain the current level of financial support it provides to Canadian paid-circulation periodicals to ensure that Canadians from all areas of the country have* *access to the Canadian paid-circulation periodicals of their choice at affordable cost, whether through a postal subsidy or an alternative program to assist in the distribution of these periodicals.*

Comment

The postal subsidy was established over 100 years ago to promote east-west communication and contribute to nation building. At first, it applied only to newspapers and newsletters; the magazine component was added to the program in the early 1900s. The existence of this program has ensured that Canadians, regardless of where they live in the country, can receive magazines at the same cost as their fellow citizens who live close to the publishing centres. In providing this benefit to Canadian readers, it has also indirectly provided a significant benefit to magazine and periodical publishers.

Indeed, the viability of the Canadian magazine and periodical publishing industry depends heavily on the postal subsidy. Canadian newsstands, particularly in the English-language market, are dominated by foreign publications: only 18.6 per cent of the English-language consumer magazines sold at newsstands are Canadian. This is partly because of the relatively small size of the Canadian market and the correspondingly large cost of printing unsold magazines. It is not feasible for the majority of Canadian magazines to print sufficient copies to make newsstand distribution a practical alternative to subscription sales. Canadian consumer magazines have limited capacity to increase subscription prices without losing subscribers, largely because the amount that a consumer is prepared to pay is significantly affected by the pricing of foreign, particularly American, magazines. The Task Force is convinced that it would be very difficult for Canadian paid-circulation magazines to pass any significant increase in postal costs on to their readers without a significant loss in circulation.

Since 1989, the $220 million postal subsidy has been phased out and is being replaced by alternative programs to assist in the distribution of books, magazines and small community weekly newspapers. The replacement program was to have been $110 million, $85 million of that being allocated to periodicals and small community weeklies. However, the government has since announced additional cuts to all grants and contributions programs, including the postal subsidy. The Task Force recognizes that this is a time of fiscal concern for the government, and is not proposing that these announced cuts be revoked. It strongly urges the government, however, to recognize the importance of this program to the industry and to preserve it for future years.

THE CULTURAL INDUSTRIES DEVELOPMENT FUND

Recommendations:

a. *that the Federal Business Development Bank discuss with the industry and with the Department of Canadian Heritage how it can make the Cultural Industries Development Fund (CIDF) fully effective for the Canadian periodical publishing industry;*

b. *that the Canadian magazine industry actively draw on the resources of the CIDF to the fullest extent possible; and*

c. *that the Management Counselling Program within the CIDF be established at a level of at least $500,000 annually.*

Comment

The Cultural Industries Development Fund (CIDF), established in 1991 with a five-year budget of $33 million, is managed by the Federal Business Development Bank (FBDB) on behalf of the Department of Canadian Heritage (formerly the Department of Communications). It provides loans to cultural industries, including periodical publishers.

The Fund was established to address a problem common to all Canadian cultural industries: lack of capital. The difficulties these industries face in obtaining financing from traditional lending institutions are largely due to a lack of familiarity with the cultural sector on the part of the lender, the relatively small size of the majority of firms and the intangible nature of the assets (difficult to convert into collateral) of businesses in the cultural sector.

The Task Force understands that, in the two years that the Fund has been available, there have been some difficulties in meshing the needs of magazine publishers with the expectations of the FBDB. If the Bank is to redress these problems, it must ensure that it is knowledgable about the operations and the particular requirements of the periodical publishing industry. We therefore urge the FBDB to meet with the industry and the Department of Canadian Heritage to discuss how it can make the Fund fully effective for the Canadian periodical publishing industry, building on the efforts it has made in this regard.

At the same time, magazines, particularly consumer magazines, have not drawn on the resources available through the CIDF to the fullest extent possible. This is understandable, given the initial frustration that some publishers experienced with the program. However, this resource should not be overlooked by periodical publishers, particularly given the recent efforts of the FBDB to refine the management of the Fund.

One very valuable component of this Fund is the Management Counselling Service, which provides individualized business consulting services to periodical publishing firms. A particularly successful example of this type of consulting is the Canadian Magazine Publishers Association's (CMPA) Travelling Consultant Program.

In difficult economic times, it is particularly helpful to have individualized business consulting services. Many periodical publishers enter the business because they are committed to an idea. That commitment carries new publishers a long way, often through considerable economic losses, as we have seen in the economic study. However, the opportunity to benefit from the years of business experience of publishing professionals enormously increases the future prospects of many small and medium-sized enterprises. Hopefully, the next economic study of the industry will not show that over half of Canadian magazines are losing money.

In the CMPA's Travelling Consultant Program, the consultants are people who have had extensive experience in the industry or who are currently employed in it. They travel, on request, to the place of business of a periodical publisher to provide on-the-spot advice. The cost of the consultation is shared by the Program and the publisher. It is very direct, practical assistance, tailored to the specific needs of a particular publisher.

The Task Force considers this a model of good use of both financial and human resources. We are therefore recommending that the budget for the Management Counselling Program of the CIDF be established at a minimum of $500,000 per year.

A program such as the CIDF, which should become increasingly self-sustaining over time as the original recipients begin to repay their loans, appears to the Task Force to be a very laudable approach to providing much needed financial assistance to the industry. It must, however, address the actual circumstance of the industry if it is to meet its objectives. There is considerable scepticism about the CIDF on the part of some publishers, and increased promotional efforts on the part of the FBDB would ensure that the industry reaps the full benefit of the Fund's potential.

PRIVATE SECTOR MEASURES

Recommendation: *that the Canadian magazine industry continue to take steps to improve knowledge among advertisers and advertising agencies of the advantages and benefits of advertising in Canadian magazines and the uniqueness of the market access they provide.*

Comment

The Task Force believes that the Canadian magazine industry itself and Canadian business in general can do more to ensure the future viability and availability of distinctive Canadian periodicals.

We have been impressed by the evidence presented to us on the importance of Canadian magazines to communication among Canadians. The information that is shared through trade publications, for example, ensures that Canadians will know of new legislative or regulatory measures that affect different industries. If Canadian trade publications were to disappear because of the growth of split-runs, Canadian advertisers would lose an effective means through which they can reach their professional and trade customers in Canada. This would be a real economic loss. The availability of distinctive Canadian trade magazines promotes the development of sectoral specialities and market niches.

At meetings with many people in the advertising business, the Task Force heard that the Canadian magazine industry has not adequately conveyed the unique benefits that it can deliver to advertisers. Recently, however, Magazines Canada has produced two excellent promotional vehicles, *Magazine Magic* and *Magazines Sell/le magazine vend*, and has embarked on an extensive promotional campaign. The Task Force commends the industry on this initiative and recommends that it actively continue to pursue this type of positive promotional activity at all levels.

LOOKING FORWARD

Recommendation: *that, no later than the end of this century, the Government of Canada establish a formal procedure, such as a Task Force, to review the effect of our recommendations and to assess what new measures are needed, if any, to support the Canadian magazine industry.*

The Task Force firmly believes that the measures it is recommending, if implemented on a timely basis, will help preserve a viable distinctive Canadian magazine industry well into the future. At the same time, it is conscious of the fact that we are living in a time of rapid change and technological innovation. Cultural industries in general, and the magazine industry in particular, will not escape this change. Indeed, they will be at the forefront of it. One need only think of the role of culture in broadcasting, telecommunications and the emerging "electronic highway", to understand the impact that these developments will have on our cultural industries.

It is for this reason that the Task Force is recommending that the Government of Canada wait no longer than the turn of the century to review, once again, its policies with respect to the Canadian magazine industry. No measure, no matter how carefully designed, can last forever. Changing circumstances require changing policy instruments. The average life of measures implementing policy in the public sphere, including legislation, is much shorter today than in the past. We are convinced that the magazine industry is too important to Canada's cultural identity and nationhood to be lost in the hustle and bustle of rapid change. That is why a formal review of the magazine industry, similar to the one that we have just concluded, should be a matter of the highest priority for the government by the year 2000.

■ APPENDIX 1

EXEMPTIONS

When Floyd Chalmers, then president of Maclean-Hunter, appeared in 1960 before a royal commission set up to examine the magazine industry, he had some rather harsh words for *Time* and *Reader's Digest*.

"Quite frankly," he told the commission chairman, Senator Grattan O'Leary, "the parasitical character of these publications suggests that they are not particularly entitled to sympathetic or generous treatment."

Nearly ten years later, another Maclean-Hunter representative appeared before the Special Senate Committee on the Mass Media. R.A. McEachern, the company's executive vice-president in charge of consumer magazines, told the committee and its chairman, Senator Keith Davey, that the so-called grandfathering of *Time* and *Reader's Digest* was far from intolerable, and the removal of the exemptions granted to the two American organizations was unrealistic at that time. "We live with it...," said Mr. McEachern. "The *status quo* is something the government created. We are going to make the best of it."

And that, with certain reservations, is what the Canadian magazine industry has been trying to do ever since. However, the launch of *Sports Illustrated*'s Canadian edition in 1993 has forced further examination of the status of both *Time*, the parent of *Sports Illustrated*, and *Reader's Digest*.

The recommendation by this Task Force of an excise tax to deal with the problem of a publication that is largely recycled editorial material soliciting advertising aimed at Canadians leads to further reflection on the question: should *Time* and *Reader's Digest* be exempt from such a tax by virtue of their long-standing status in Canada?

This Task Force is not by any means the first attempt to examine the status of Canadian publications in relation to magazines from abroad circulating freely in Canada. The first such major public inquiry was in 1951 when the Royal Commission on National Development in the Arts, Letters and Sciences recognized that the periodical press was an important influence in the formation and development of national understanding.

Following on that Commission, Canada proposed a 20 per cent tax on all advertising contained in split-runs of foreign periodicals in Canada, and the legislation became effective on January 1, 1957. However, it was repealed in June 1958, after a change of government.

In 1960, the O'Leary Royal Commission began its study of the magazine industry, and, in its 1961 report, the Commission concluded that a nation's domestic advertising expenditures should be devoted to the support of its own media. It concluded that a genuinely Canadian periodical press could only exist by ensuring for Canadian publications, under equitable conditions, a fair share of domestic advertising — a goal that is shared by this current Task Force.

It was the O'Leary Commission that recommended the by-now familiar strategy of refusing to allow an advertiser to deduct from income, for tax purposes, the cost of any advertising directed at the Canadian market in a foreign periodical.

Furthermore, said the O'Leary Commission, entry into Canada from abroad of a periodical containing advertising directed to Canadians should be disallowed.

More than 30 years after O'Leary, through the use of the new technology of electronic page transmission, *Sports Illustrated* has been able to circumnavigate its way around the clear principle of the O'Leary Commission's recommendation on importation of foreign magazines with advertising directed to Canadian consumers.

That principle, as legislated in Tariff Code 9958, is even more vital today than it was three decades ago and needs the endorsement of more modern interpretation.

While O'Leary won the point of principle on Canadian advertising in foreign publications, he lost what many regarded as the real issue: the continued presence in Canada of *Time* and *Reader's Digest*.

Senator Davey acknowledged in his report[27] that both *Time* and *Reader's Digest* "have made earnest attempts to become members in good standing of the Canadian magazine community and have continued to prosper." The report went on: "There is no question that both magazines have been good corporate citizens."

---

[27] *Report of the Special Senate Committee on Mass Media,* chaired by the Honourable Keith Davey. Ottawa: Queen's Printer, 1970.

While arguing that kicking *Time* and *Reader's Digest* out of Canada, after they had done business here for nearly three decades, "and done it with flair and excellence," would be contrary to the Canadian character, the Davey committee nevertheless went on to recommend that the exemption for both magazines should be repealed.

The government did not follow up on that recommendation until 1975, when Bill C-58 was introduced. As a consequence of Bill C-58, *Reader's Digest*, in June 1976, created its own foundation in Canada and endowed it with 75 per cent ownership of the *Digest* and its French edition, *Sélection du Reader's Digest*.

By contrast, *Time* closed down its Canadian bureau in 1976. Despite virtually ignoring Canada between the covers of its magazine, *Time* has continued to offer space to advertisers wishing to reach a Canadian audience. They have done this to such good effect that, in one year alone, 1989, it was able to show advertising revenues for all its Canadian enterprises of nearly $19 million, or roughly 3 per cent of all advertising revenue earned by Canadian magazines that year.

Nevertheless, to try and turn back the clock more than 30 years would be naive at best. Canada, having accepted the place of *Time* and *Reader's Digest* within the Canadian industry, cannot now reverse history. As Senator Davey uneasily acknowledged in 1970, it would be contrary to the Canadian character to do so.

The Task Force has therefore concluded that magazines that otherwise would be subject to the proposed tax as of the date of this report, should be exempt at the number of issues per annum that were distributed in Canada in the year preceding this report. We understand that, in the case of *Sports Illustrated*, this would mean that seven issues per annum would be exempt from the tax.

APPENDIX 2

CONTRIBUTORS

The Task Force benefited from the information provided to it by the following individuals, businesses and associations, either in writing or in person:

Alberta Culture, Edmonton, Alberta
Alberta Reports magazine, Edmonton, Alberta
Association of Canadian Advertisers, Toronto, Ontario
Association québécoise des éditeurs de magazines, Montreal, Quebec

Baum Publications, Vancouver, British Columbia
BCP Strategy Creativity, Montreal, Quebec
Beautiful B.C. magazine, Victoria, British Columbia
Book and Periodical Council, Toronto, Ontario
Butterworths, Toronto, Ontario

Canada-wide Magazines, Vancouver, British Columbia
Canadian Advertising Foundation, Toronto, Ontario
Canadian Business Press, Toronto, Ontario
Canadian Conference of the Arts, Ottawa, Ontario
Canadian Farm Press, Toronto, Ontario
Canadian Magazine Publishers Association, Toronto, Ontario
Canadian Printing Industries Association, Ottawa, Ontario
Cape Breton's Magazine, Nova Scotia
CGA Magazine, Vancouver, British Columbia
Corporate Communications, Halifax, Nova Scotia
Cossette Communications, Toronto, Ontario

Davey, Senator Keith, Toronto, Ontario
Deacon, Paul, Ottawa, Ontario
DPL Publishing, Liverpool, Nova Scotia

Federal Business Development Bank, Montreal, Quebec
Fur Council of Canada, Montreal, Quebec

Graphic Communications International Union, Local N-1, Richmond Hill, Ontario

Institute of Canadian Advertisers, Toronto, Ontario

League of Canadian Poets, Toronto, Ontario

Maclean-Hunter Publishing, Toronto, Ontario
Marketel/McCann-Erickson Ltée, Montreal, Quebec
Masthead Magazine, Toronto, Ontario
McArthur, Thompson, Law, Halifax, Nova Scotia
Moorshead Publications, Toronto, Ontario

New Maritimes magazine, Halifax, Nova Scotia
Newman, Peter, Vancouver, British Columbia

OP Publishing, Vancouver, British Columbia

Palmer, Jarvis Advertising, Vancouver, British Columbia
Paul Martel Inc., Montreal, Quebec
Periodical Publishers Association, Toronto, Ontario
Periodical Writers Association of Canada, Toronto, Ontario
Publications Transcontinental Inc., Montreal, Quebec
PULSUS Group Inc., Toronto, Ontario

Quebecor Printing, Richmond Hill, Ontario

Reader's Digest, Montreal, Quebec
Royal Canadian Geographic Society, Ottawa, Ontario

Southam Magazine Group, Toronto, Ontario
Southern Ontario Newspaper Guild, Toronto, Ontario

Telemedia, Toronto, Ontario
Time Canada Inc., Toronto, Ontario

Western Living magazine, Vancouver, British Columbia
Writers Guild of Alberta, Edmonton, Alberta
Writers' Union of Canada, Toronto, Ontario

APPENDIX 3

TERMS OF REFERENCE FOR THE TASK FORCE

The purpose of the review of federal measures to support the Canadian magazine industry will be to propose measures that will enable the Government to effectively carry through on its policy objective of ensuring that Canadians have access to Canadian information and ideas through genuinely Canadian magazines.

To carry out this review, the Task Force will be headed by two experienced co-chairpersons who will provide their recommendations directly to the Government.

They will be assisted by a committee made up of voluntary advisory members representing Canadian magazine publishers, advertisers and consumers.

Since 1965, the Government has assisted the Canadian magazine industry through two legislative measures whose purpose is to ensure a flow of adequate advertising dollars to Canadian magazines. The mandate of this Task Force will be to recommend ways to bring these measures up-to-date, and to identify other measures to address the Government's policy objectives in the face of technological change, and the evolving international economic and regulatory environment.

The Task Force will report by the end of 1993 with recommendations for new measures in support of the Canadian magazine industry, but it can issue interim reports at any time.

I. **Assessment of the Marketplace for Canadian Magazine Publishers**

- The current state of the Canadian magazine industry and its market structure;

- The Canadian advertising market and its importance to the magazine publishing industry;

- Impacts of evolving technologies in the Canadian magazine industry;

- Importance of the Canadian magazine industry to Canada's cultural, social and economic life;

- The Canadian magazine industry as it relates to an evolving regulatory, trade and international context.

II. **Review of Existing Mechanisms**

- How the Government's stated objectives can continue to be met through the application of Section 19 of the *Income Tax Act* and Tariff Code 9958 in the face of evolving technologies.

III. **Toward a Renewed Framework of Support**

- Policy mechanisms which exist for other cultural sectors and which might similarly be developed for the magazine industry, such as those governing foreign investment.

- The identification of new measures which could be implemented, in light of issues likely to face the Canadian magazine industry over the decade ahead, to ensure that Canadians continue to have access to Canadian ideas and information through Canadian magazines.

■ **APPENDIX 4**

THE INTERIM REPORT OF
THE TASK FORCE

May 31, 1993

The Honourable Perrin Beatty
Minister of Communications
Ottawa, Ontario
K1A 0C8

Dear Mr. Beatty:

As co-chairmen of the Task Force on the Canadian magazine industry, we are pleased to present an interim report with two recommendations requiring early Government action.

As you know, our mandate is to propose measures that will enable the Government to effectively carry through on its long-standing policy objective of ensuring that Canadians have access to Canadian ideas and information through genuinely Canadian magazines. We have taken careful note of your remarks quoted in the *Toronto Star* of April 20, 1993 that "the message that was sent very, very clearly when we set up the task force is that we want to ensure the letter and the spirit of the policy is fully respected."

Our recommendations are intended to reinforce the Canadian government policy objective. They are also intended to ensure that the work of the Task Force you have appointed is not jeopardized by the publication in Canada of any foreign magazines soliciting Canadian advertising, contrary to government policy.

However, we consider it essential that any measures we recommend should in no way limit the freedom of choice or the access Canadians already have to magazines from around the world, either through subscription or newsstand sales. What is at stake has nothing to do with this freedom of choice or the availability of foreign periodicals. Our premise is that foreign magazines are welcome in Canada, but that the terms of this access should not be such as to undermine the viability of the Canadian magazine industry.

The first meeting of the Task Force was held in Toronto. We have also met in Ottawa with officials from the Departments of Communications, External Affairs, Finance, Justice and Revenue Canada, as well as Investment Canada.

As a result of these meetings and a review of available information, we have developed the two recommendations in this interim report.

It has been Canadian government policy for almost 30 years, as a result of the O'Leary Royal Commission recommendations, that in order to ensure a genuinely Canadian periodical press, split run or "Canadian" regional editions of foreign magazines which contain advertisements directed to a market in Canada would not be permitted. Indeed, the clear intent of the two legislative measures which support the policy (*Customs Tariff* Code 9958 and Section 19 of the *Income Tax Act*) is to prevent the siphoning off of Canadian advertising dollars by foreign magazines.

We understand that the first "Canadian" regional edition of *Sports Illustrated* (SI) took approximately $250,000 in advertising from the Canadian market. At this rate, the planned six Canadian issues of *SI* could take $1.5 million in advertising revenue out of the Canadian advertising pool. Were it to publish all 52 issues with Canadian advertising, it could take an even more substantial amount out of the Canadian market. To put this in perspective, it should be pointed out that the total profit for the entire Canadian magazine industry in 1991 was $18 million. However, we are not talking about protecting the profits of Canadian magazines, but about survival itself for a fragile industry.

The Canadian edition of *Sports Illustrated* has demonstrated that *Customs Tariff* Code 9958 can now be bypassed by more sophisticated technology through which the content of foreign magazines can be transmitted electronically across our borders and physically published here in Canada. These factors may well tempt other periodical publishers to recycle their foreign editorial content into Canadian editions, thus drawing off Canadian advertising dollars and creating a serious threat to the health of the Canadian magazine industry.

Canadians and Canadian magazine publishers will have more trust in the Task Force process if they are confident that the Canadian industry is not facing this kind of threat to its existence over the next few months while the Task Force deliberates. In the absence of prompt government action in response to the threat identified in your announcement of the Task Force, foreign publishers could come to believe that they are free to produce Canadian split run or regional editions of additional titles over the remaining months of 1993. Should this happen, there is a strongly held view in the magazine and advertising industries that some Canadian magazines would inevitably fail as a direct result.

These conclusions are necessarily based on a preliminary assessment. The Task Force is undertaking careful economic studies of the industry, and of the impact of foreign periodicals competing for Canadian advertising dollars. However, there is sufficient information available to indicate that a serious potential problem exists, requiring immediate Government action.

Recommendation No. 1

The first recommendation of the Task Force is that the Government make a clear public statement reaffirming its long-standing policy objectives for the Canadian magazine industry, with particular reference to split run or "Canadian" regional editions sold in Canada with advertising aimed primarily at a Canadian audience.

This statement should update the wording of the existing government objectives towards the magazine industry in light of changes in technology since the original policy intent was established almost 30 years ago. This policy statement would provide the basis for reviewing investments under the *Investment Canada Act*, as provided for in 20(e) of the Act; i.e., "the compatibility of the investment with national industrial, economic and cultural policy objectives enunciated by the government...".

The Task Force recommends that this public policy statement should cover the following points:

- The commitment of the Canadian government to ensuring that Canadians have access to Canadian ideas and information through genuinely Canadian magazines, while not restricting the sale of foreign magazines in Canada.

- A viable Canadian magazine industry must have a secure financial base. The objective of long-standing government policy instruments to encourage the flow of Canadian advertising dollars to Canadian magazines should be reaffirmed.

- The government should reiterate that the spirit of its magazine policy remains unchanged, despite changing technology that has limited the capacity of existing tools to fully protect the Canadian industry.

- The Canadian government should indicate clearly that its policy prevents the establishment of split run or "Canadian" regional editions of foreign magazines that contain advertisements directed at the Canadian market, regardless of where they are printed.

- This policy should also apply to Canadian magazines, the contents of which, excluding advertisements, are substantially the same as the contents of one or more foreign magazines. For this purpose, "substantially" means 20 per cent or more.

Our mandate calls on us to recommend the best instruments to achieve this government policy objective. This will be dealt with in detail in our final report. In the meantime, however, we have identified one area where we believe it is possible for the government to take immediate action.

Recommendation No. 2

The *Related Business Guidelines* under the *Investment Canada Act* should be amended to clarify the situation of magazines or periodicals not already being published in Canada. This amendment should state that an investment by a non-Canadian related to the publication, distribution or sale of a magazine or periodical not already being published in Canada would be considered to be an investment to establish a new business and not the expansion of an existing business. Thus, such investment would be subject to notification and review under the *Act*. This review would be made in light of stated government policy.

Investment Canada has not made public the details of its opinion on *Sports Illustrated*, citing Section 36 of the *Act*, but it would appear that it ruled that the investment to start up the Canadian edition of *Sports Illustrated* was not reviewable. This investment was apparently deemed to be an expansion of an existing business activity rather than a "new business investment", on the grounds that Time Warner already publishes a Canadian edition of *TIME* magazine through its subsidiary, Time Canada Inc.

The current wording of the *Related Business Guidelines*, which apply to all sectors, provides that "... a new business activity commenced by an investor is regarded as the expansion of an existing business, rather than the establishment of a new business, if the new activity produces goods or services which are substantially similar to the goods or services produced by the existing business..."

An argument could be advanced that *Sports Illustrated* was not "substantially similar to the goods or services produced by the existing business", i.e., not substantially similar to TIME magazine published by Time Canada Inc. Therefore, Investment Canada could have dealt differently with *Sports Illustrated* under the existing guidelines. Our recommendation calls for a clarification of the applicable guideline with respect to magazines that could have prevented the current situation from arising, by providing a basis for review by Investment Canada. Only the establishment of a new business, not the expansion of an existing business, is subject to notification and review under the *Act*.

Without clarification, the current Investment Canada guidelines do nothing to discourage foreign magazine and periodical publishers from undertaking further expansion in the Canadian market. The impact of such expansion on Canada's already fragile magazine industry could be devastating. Time Warner, for example, publishes 23 different titles, among them *People, Entertainment Weekly, Fortune, Money, Life, and Sports Illustrated for Kids*. In Australia, Time Warner published *Sports Illustrated* for a while without success; it still publishes *People* magazine there with considerable success. These activities demonstrate its intention to expand wherever practicable with any or all of its 23 titles. In this regard, Canada is far more vulnerable than any other country.

In our view, the amendment to the guidelines that we suggest would not contravene Canada's international trade obligations.

This second measure could be effected immediately, as it requires only action on the part of the Minister responsible for the *Investment Canada Act*, pursuant to Section 38 of the *Act*.

This recommendation is not intended to apply to the six issues already announced for *Sports Illustrated*. However, given the scope of the Task Force's mandate, our final recommendations might well address themselves to the future of all foreign magazines in Canada, including *Sports Illustrated*.

As co-chairs of the Task Force, we believe that early government action on these two recommendations is essential.

Should you have any questions on these matters, we would be more than pleased to meet with you or any of your Cabinet colleagues at any suitable time.

Sincerely,

J. Patrick O'Callaghan
Co-Chairman

Roger Tassé
Co-Chairman

■ **APPENDIX 5**

THE GOVERNMENT RESPONSE
TO THE INTERIM REPORT

C O M M U N I C A T I O N S

N E W S   R E L E A S E   C O M M U N I Q U É

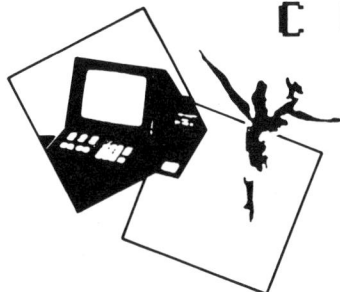

JULY 19, 1993   FOR IMMEDIATE RELEASE

**Charest, Landry and Turner announce action on Interim Report from
Task Force on the Canadian Magazine Industry**

OTTAWA -- The Deputy Prime Minister and Minister Designate of Industry and Science,
Jean Charest, the Secretary of State, Minister of Communications and Minister Designate of Canadian
Heritage, Monique Landry, and the Minister of National Revenue, Garth Turner, announced today that
they will act on the recommendations of the interim report of the Task Force on the Canadian
Magazine Industry.

The interim report was released today. It makes two recommendations.

The first is that "the Government make a clear public statement reaffirming its long-standing
policy objectives for the Canadian magazine industry, with particular reference to split-run or
'Canadian' regional editions sold in Canada with advertising aimed primarily at a Canadian audience."

The second recommendation is that "the *Related-Business Guidelines* under the *Investment
Canada Act* should be amended to clarify the situation of magazines or periodicals not already being
published in Canada."

Available upon request in braille, large-type, on audio cassette
or machine readable diskette (613) 990-4842.

Hearing impaired: (TDD) (613) 998-3750.

Information Services / Direction de l'information ■ 300 Slater Street / 300, rue Slater ■ Ottawa K1A 0C8 ■ (613) 990-4900

Regional offices / Bureaux régionaux: Moncton (506) 857-6525 / Montréal (514) 283-2307 / Toronto (416) 973-8215 / Winnipeg (204) 983-4391 / Vancouver (604) 666-5468

I◆I Communications
       Canada

Canadä

- 2 -

Concerning the first recommendation, Madame Landry issued a statement summarizing the Government's policy objectives for the industry. She stated: "The Government reaffirms its commitment to protect the economic foundations of the Canadian periodical industry, which is a vital element of Canadian cultural expression. To achieve this objective, the Government will continue to use policy instruments that encourage the flow of advertising revenues to Canadian magazines and discourage the establishment of split-run or 'Canadian' regional editions with advertising aimed at the Canadian market. We are committed to ensuring that Canadians have access to Canadian ideas and information through genuinely Canadian magazines, while not restricting the sale of foreign magazines in Canada."

In response to the second recommendation, Mr. Charest stated: "From the day it was passed, the *Investment Canada Act* has recognized that Canada's cultural industries play a special role in the life of the country. Today, I am clarifying the *Related-Business Guidelines* under the Act with respect to investments in the magazine and periodical sector. Investment in a magazine by a non-Canadian already publishing in Canada is considered an investment to establish a new business, and not the expansion of an existing business. Such investments therefore are subject to notification and review under the *Investment Canada Act*."

The *Related-Business Guidelines, July 1993*, are not retroactive and consequently will have no effect on *Sports Illustrated Canada*.

Mr. Charest and Madame Landry stated that, as the Task Force has noted, this measure is not sufficient in itself to achieve the Government's policy objectives for the Canadian periodical industry in a period of rapid economic and technological change. Nevertheless, Mr. Turner stressed that the provisions of Section 19 of the Income Tax Act and Code 9958 of the *Customs Tariff* continue to apply in support of the Canadian magazine industry. The Ministers said that they look forward to receiving further recommendations from the Task Force.

They also emphasized that "should foreign publishers decide during the work of the Task Force to undertake any new publishing activity in Canada which would contravene or sidestep the Government's policy objectives for the magazine industry, they would do so at their own risk."

The Canadian periodical publishing industry directly employed 6,400 people in 1991 and indirectly employs thousands of writers, illustrators, photographers, printers and others. Although it has flourished culturally, with over 1,500 titles from 1,099 publishers, its financial position was fragile, with overall pre-tax profits of only 2% of total revenues in 1991.

- 3 -

Advertising is the most important source of revenue for most Canadian periodicals, accounting for 65% of the industry's total revenues in 1991. However, while advertising revenues in the Canadian market for all media increased in constant dollars by 21% between 1981 and 1991, advertising revenues for periodicals decreased by 25%. The share of overall advertising revenues directed to periodicals declined from 10% to 6% during the same period.

- 30 -

Contact:

Gérard Desroches
Information Services
Ottawa, Ontario
(613) 990-4827

NR-93-5290E

Statement on the Government's Policy Objectives for
the Canadian Periodical Publishing Industry

Canadian periodicals are a vital element of Canadian cultural expression. They provide, in the words of the 1961 O'Leary Royal Commission on Publications, "...the critical analysis, the informed discourse and dialogue which are indispensable to a sovereign society."

The Government reaffirms its commitment to the long-standing policy objective of protecting the economic foundations of the Canadian periodical industry. To achieve this objective, the Government uses policy instruments that encourage the flow of advertising revenues to Canadian periodicals, since a viable Canadian periodical industry must have a secure financial base.

The establishment of split-run or 'Canadian' regional editions of foreign titles which contain advertising aimed at Canadian markets is thus not consistent with the policy because revenues from advertising directed at Canadians flow to these editions of foreign titles.

The Government is committed to ensuring that Canadians have access to Canadian ideas and information through genuinely Canadian periodicals, while not restricting the sale of foreign periodicals in Canada. Hence, the Government will continue to use existing policy instruments and any other measures it may adopt to achieve these policy objectives.

**MINISTER RESPONSIBLE
FOR INVESTMENT CANADA**

**MINISTRE RESPONSABLE
D'INVESTISSEMENT CANADA**

INVESTMENT CANADA

INVESTMENT CANADA ACT

Related-Business Guidelines, July 1993

The following Related-Business Guidelines, July 1993, are issued by the Minister of Industry, Science and Technology as Minister responsible for the administration of the Investment Canada Act ("the Act"), under the authority of section 38 of the Act.

The following heading and paragraph are added after the heading *"Expansion of an Existing Business"* in the Related-Business Guidelines, for clarification purposes:

"Publication, Distribution or Sale of Magazines or Periodicals

Notwithstanding any other provisions of these guidelines, where a business activity is in the publication, distribution or sale of magazines or periodicals in print or machine readable form, an investment by a non-Canadian to, directly or indirectly, publish, distribute or sell a magazine or periodical in print or in a machine readable form in Canada, whether or not the non-Canadian, directly or indirectly, already publishes,

INVESTISSEMENT CANADA

LOI SUR INVESTISSEMENT CANADA

Principes directeurs à l'égard des entreprises liées, Juillet 1993

Les Principes directeurs à l'égard des entreprises liées, Juillet 1993 suivants sont établis par le ministre de l'Industrie, des sciences et de la technologie et ministre chargé de l'application de la Loi sur Investissement Canada (la "Loi"), en vertu de l'article 38 de la Loi.

Le titre et le paragraphe suivants sont ajoutés après le titre *"Expansion d'une entreprise déjà établie"* dans les Principes directeurs à l'égard des entreprises liées, pour fin de clarification:

"Publication, distribution ou vente de revues ou de périodiques

Nonobstant toutes autres dispositions des présents principes directeurs, lorsqu'une activité commerciale consiste en la publication, la distribution ou la vente de revues ou de périodiques sous forme imprimée ou assimilable par une machine, un investissement par un non-Canadien pour, directement ou indirectement, publier, distribuer ou vendre au Canada une revue ou un périodique sous forme imprimée ou assimilable par une

distributes or sells, in print or in machine readable form, another magazine or periodical in Canada or the same magazine or periodical in Canada from another country, is deemed to be a new Canadian business and is subject to notification pursuant to section 11 of the Act rather than deemed to be an expansion of an existing business."

machine, que le non-Canadien, directement ou indirectement, publie, distribue ou vende ou non sous forme imprimée ou assimilable par une machine une autre revue ou un autre périodique au Canada ou la même revue ou périodique au Canada à partir d'un autre pays, est présumé être la constitution d'une nouvelle entreprise canadienne sujette à avis en vertu de l'article 11 de la Loi plutôt que l'expansion d'une entreprise déjà établie."

Further information is available from the Corporate Secretary and Senior Counsel, Industry and Science Canada, 240 Sparks Street, 5th Floor West, P.O. Box 2800, Station D, Ottawa, Ontario K1P 6A5.

De plus amples renseignements sont disponibles de: Secrétaire général et avocat-conseil, Industrie et Sciences Canada, 240, rue Sparks, 5e étage ouest, Case postale 2800, Station D, Ottawa (Ontario) K1P 6A5.

Jean Charest
Minister of Industry, Science and Technology / Ministre de l'Industrie, des Sciences et de la Technologie
Minister responsible for Investment Canada / Ministre responsable d'Investissement Canada

UNE QUESTION D'ÉQUILIBRE

Rapport du Groupe de travail sur l'industrie canadienne des périodiques

Canada

Également offert en médias substituts

© Ministre des Approvisionnements et Services Canada 1994
N° de cat. Co22-137/1994
ISBN 0-662-60308-7

Mars 1994

L'honorable Michel Dupuy
Ministre du Patrimoine canadien
Ottawa

Monsieur le Ministre,

Nous avons l'honneur de vous soumettre ce rapport, et nos recommandations en vue de réaliser les objectifs du gouvernement concernant l'industrie canadienne des périodiques.

Dans l'exercice de nos fonctions, nous avons bénéficié du concours sans réserve et des conseils judicieux des membres consultatifs du Groupe de travail sur l'industrie canadienne des périodiques, dont les noms suivent :

Lynn Cunningham	École de journalisme, Ryerson Polytechnic University, Toronto (Ontario)
Neville Gilfoy	Éditeur, JPL Publishers Ltd., Dartmouth (Nouvelle-Écosse)
Doreen Guthrie	Association des consommateurs du Canada, Ottawa (Ontario)
Hank Intven	McCarthy Tétrault, avocats, Toronto (Ontario)
Robert Johnstone	Expert-conseil en politique commerciale, Toronto (Ontario)
Michel Lord	Vice-président (Communications et relations publiques), Bombardier Inc. (ex-président de la division des publications économiques des Publications Transcontinental inc.), Montréal (Québec)
John Sinclair	Président, Institut de la publicité canadienne, Toronto (Ontario)

Nous leur sommes extrêmement reconnaissants. Toutefois, conformément au mandat qui nous a été confié, nous sommes responsables, en tant que coprésidents, de la préparation du présent rapport.

Veuillez agréer, monsieur le Ministre, l'expression de nos sentiments respectueux.

J. Patrick O'Callaghan

Roger Tassé

■ *REMERCIEMENTS*

En tant que coprésidents du Groupe de travail sur l'industrie canadienne des périodiques, nous savons gré du concours précieux que nous ont apporté quantité de personnes au fait des divers aspects de notre mandat.

D'abord, nous voulons faire part de notre gratitude aux membres consultatifs du Groupe de travail pour leur contribution inestimable. Leur compétence et leurs conseils éclairés ont joué un rôle capital dans l'élaboration de nos recommandations. Sans leur participation constructive, notre tâche, intimidante au départ, aurait été impossible à accomplir.

Les conseils et les renseignements contenus dans les mémoires et les lettres qui nous ont été adressés nous ont permis de mieux comprendre cette industrie complexe. Nous avons aussi largement profité de nos rencontres avec des représentants des industries de l'édition, de la publicité et de l'imprimerie, de Halifax à Vancouver. Nous voulons remercier les particuliers, les entreprises et les associations qui se sont intéressés à nos travaux et qui se sont donné la peine de nous faire part de leurs idées. Ils nous ont aidé à mieux saisir l'ampleur des questions en jeu.

Nous sommes redevables à C. Leigh Anderson, D. Hennes et P. McIntyre pour leurs recherches sur le marché canadien de la publicité, et à M.C. McCracken, R.A. Jenness et N.D. Cebryk, d'Informetrica, pour leur analyse détaillée de l'économie des périodiques canadiens.

Des fonctionnaires de l'administration publique du Canada nous ont fourni des conseils techniques et professionnels sur une foule de sujets. Leur collaboration nous a été extrêmement utile dans nos travaux. Nous désirons remercier particulièrement les fonctionnaires des ministères des Affaires étrangères et du Commerce international, du Revenu national, de l'Industrie, des Finances, et du Patrimoine canadien.

Enfin, nous remercions Ross Hornby (conseiller juridique du Groupe de travail), Michael O'Byrne, Jean-Pierre Fournier et Monique Rose-Gagnon de leur précieux concours dans la préparation du présent rapport. Nous voulons en particulier faire part de notre profonde gratitude pour l'empressement, le zèle et le travail acharné de Margaret Mitchell, secrétaire du Groupe de travail, qui a contribué à toutes les étapes de notre travail et a consacré des heures innombrables à la préparation de ce rapport.

■ *SOMMAIRE*

- Le Canada doit ménager un espace pour le vaste réservoir d'idées et d'informations que constituent ses périodiques tout en faisant bon accueil aux magazines étrangers.

- Les magazines canadiens font partie intégrante de notre univers culturel. Ils sont l'un des « liens essentiels » qui nous permettent d'échanger des idées et des informations. Ils nous offrent un reflet de nous-mêmes et nous présentent le monde sous un éclairage canadien.

- Depuis 1965, deux mesures législatives soutiennent les périodiques canadiens : l'article 19 de la *Loi de l'impôt sur le revenu* et le code tarifaire 9958 du Tarif des douanes. Les deux mesures visent à maintenir un volume de publicité suffisant pour assurer la vitalité de l'industrie canadienne des périodiques.

- Les deux mesures gouvernementales, qui datent de près de 30 ans, ont eu en gros le résultat attendu. Mais avec les progrès technologiques et la mondialisation croissante de l'économie, elles ne suffisent plus à réaliser l'objectif de départ.

- Le Groupe de travail sur l'industrie canadienne des périodiques avait mandat d'actualiser ces mesures et d'en recommander de nouvelles en vue de réaliser les objectifs de longue date du gouvernement.

- Dans la formulation de ses recommandations, le Groupe de travail a considéré l'économie, le marché de la publicité et le contexte situationnel des périodiques canadiens. Sur la foi de ces renseignements, nous avons évalué l'effet qu'exercerait sur les magazines canadiens l'introduction d'éditions canadiennes (aussi appelées éditions à tirage dédoublé) de magazines étrangers sur le marché canadien de la publicité.

L'ÉCONOMIE DE L'INDUSTRIE

- Notre analyse de l'industrie démontre clairement qu'il existe un rapport fondamental entre le tirage, les recettes publicitaires et le contenu rédactionnel des magazines : plus son tirage est élevé, plus un magazine peut attirer de publicité; plus les recettes qu'il tire de la publicité sont importantes, plus il peut se permettre d'investir dans son contenu rédactionnel; et plus il y investit, plus il est susceptible d'attirer des lecteurs, qui grossiront son tirage. La spirale peut aussi être inversée. Le fléchissement d'un élément entraîne l'affaiblissement des autres.

• Nos travaux révèlent que l'industrie canadienne des périodiques est complexe, disparate et offre aux lecteurs un vaste éventail de choix. L'envergure et la rentabilité des magazines sont effectivement réduites par le faible potentiel de croissance de leur tirage, qui limite leurs possibilités de revenus.

• Il y a au Canada plus de 1 400 magazines et leur contenu rédactionnel équivaut à 2 500 livres par an. Si riche et variée qu'elle soit, l'industrie des périodiques est dans une situation économique précaire.

• En 1992, plus de la moitié des magazines n'ont réalisé aucun bénéfice d'exploitation; la moyenne de bénéfice de l'industrie s'est située à 2,36 p. 100.

• Rien ne porte à croire que les mesures d'aide actuelles ont diminué l'efficacité de l'industrie canadienne par rapport à celles de l'étranger, ou tempéré son goût du bénéfice.

LE MARCHÉ DE LA PUBLICITÉ

• Le Groupe de travail dégage deux conclusions majeures de son analyse des tendances passées et actuelles du marché de la publicité :

  ◆ la somme affectée aux budgets de publicité destinée aux consommateurs canadiens n'est pas susceptible d'augmenter; et

  ◆ il est hautement improbable qu'augmente la part des budgets de publicité affectée aux périodiques.

LE CONTEXTE SITUATIONNEL

• Le contexte situationnel des périodiques canadiens est influencé par des facteurs d'ordre économique et politique :

  ◆ les facteurs économiques sont, entre autres : la pénétration massive du marché canadien par les magazines importés; la faible population du Canada; l'ouverture du public canadien aux produits culturels de l'étranger, en particulier le cinéma et la télévision; l'effet des magazines importés sur le prix des périodiques canadiens au numéro; la concurrence des magazines étrangers en kiosque; le débordement de la publicité des magazines étrangers sur le marché canadien de la publicité; l'interdiction de la publicité du tabac au Canada;

  ◆ les facteurs politiques sont : deux mesures législatives, soit l'article 19 de la *Loi de l'impôt sur le revenu* et le code tarifaire 9958; les tarifs postaux préférentiels, et certaines subventions.

• Jusqu'à tout dernièrement, les uns et les autres se neutralisaient, entretenant l'industrie dans un équilibre précaire.

L'EFFET ÉVENTUEL DES ÉDITIONS À TIRAGE DÉDOUBLÉ

- Si les magazines étrangers entraient sur le marché canadien par le biais d'éditions à tirage dédoublé, des magazines canadiens fermeraient leurs portes. D'autres, pour rester concurrentiels, réduiraient leur budget de rédaction. L'affaiblissement du contenu rédactionnel, perçu par le public comme une perte de qualité, provoquerait une baisse de tirage et le dépérissement des périodiques.

- La viabilité de l'industrie canadienne des périodiques serait nettement menacée si le modèle dont le Groupe de travail s'est servi dans son étude confirmait l'effet des éditions à tirage dédoublé.

- Bien que son analyse repose forcément sur des conjectures, le Groupe de travail en conclut que la menace est réelle.

- À défaut de mesures susceptibles de maintenir le niveau de revenus que les périodiques canadiens tirent de la publicité, en conformité des objectifs de longue date du gouvernement, de graves conséquences sont à craindre pour l'avenir de l'industrie des périodiques et le développement culturel du Canada.

UN JUSTE MILIEU

- En tant que nation commerçante, le Canada a intérêt à préserver la liberté des échanges internationaux. En même temps, le gouvernement a pour politique de promouvoir le développement d'une identité et d'une culture canadiennes distinctes.

- Il est possible de trouver le juste milieu entre les obligations internationales du Canada en matière de commerce et notre souci légitime de développement culturel. Nous formulons des recommandations dans ce sens.

- Pour renforcer l'industrie canadienne des périodiques sans déroger aux obligations du Canada en matière de commerce international, nous proposons de privilégier le contenu original, indépendamment de son pays d'origine, plutôt que le texte rédactionnel recyclé qui constitue d'ordinaire la matière des éditions à tirage dédoublé. En ciblant le contenu original de préférence au contenu canadien, nous pouvons venir en aide à l'industrie canadienne des périodiques sans déroger aux règles de commerce qui interdisent la discrimination.

- Il est évident que le Groupe de travail se préoccupe d'abord de la survie de magazines exprimant un point de vue canadien, mais il croit que la meilleure façon de réaliser cet objectif, c'est de favoriser le contenu original, quel que soit son pays d'origine.

UN NOUVEAU CADRE D'AIDE

Nous recommandons les mesures suivantes :

1. *LOI SUR LA TAXE D'ACCISE*

Recommandation : *qu'un droit d'accise soit exigé d'un magazine ou d'un périodique diffusé au Canada, renfermant des annonces publicitaires destinées principalement au public canadien et dont le contenu rédactionnel est essentiellement le même que celui d'un ou de plusieurs numéros d'un ou de plusieurs périodiques renfermant des annonces publicitaires qui, dans l'ensemble, ne sont pas destinées principalement au public canadien. Le droit serait exigible de l'imprimeur ou du distributeur de tels magazines.*

Ce droit serait exigible par numéro et équivaudrait à 80 p. 100 du prix de l'ensemble des publicités paraissant dans ce numéro. Le prix de l'ensemble des publicités serait déterminé en multipliant le tarif à la page pour une seule insertion par le nombre de pages de publicité paraissant dans le numéro.

Exemption : les magazines qui seraient autrement tenus d'acquitter le droit en date du présent rapport devraient être exemptés pour un nombre de numéros par an égal à celui diffusé au Canada l'année précédant ce rapport.

2. *LOI DE L'IMPÔT SUR LE REVENU*

Recommandations :

a. *que la **Loi de l'impôt sur le revenu** soit modifiée pour obliger les éditeurs de périodiques faisant affaires au Canada à déposer chaque année une déclaration de propriété et de contenu de chaque magazine publié au Canada;*

b. *que l'article 241 de la **Loi de l'impôt sur le revenu** soit modifié pour permettre au ministère du Revenu national de publier chaque année une liste des périodiques observant l'article 19, dressée d'après les déclarations de renseignements déposées par les éditeurs;*

c. *que le ministère du Revenu national et le ministère du Patrimoine canadien concluent une entente administrative en vertu de laquelle ce dernier vérifiera, avant publication, l'exactitude de la liste dont il est question au paragraphe (b) ci-dessus;*

d. *qu'une disposition de contre-évasion soit ajoutée à l'article 19 autorisant le ministre responsable de l'application de la Loi à déterminer si un journal ou un périodique est bel et bien de propriété canadienne;*

e. *que le ministère du Revenu national, en collaboration avec le ministère du Patrimoine canadien, émette un communiqué pour s'assurer que les annonceurs et les agences de publicité sont au courant des dispositions de l'article 19.*

3. CODE TARIFAIRE 9958

Recommandation : *que le code tarifaire 9958 soit maintenu dans la forme qu'il revêt depuis 1965.*

4. MESURES TOUCHANT LES INVESTISSEMENTS

Recommandation : *que la **Loi sur Investissement Canada** soit modifiée de manière que toute opinion, démarche, mesure ou recommandation du ministre responsable de l'application de la Loi sur des sujets de signification particulière pour le patrimoine du Canada ou l'identité nationale concernant les magazines ou les périodiques et l'applicabilité de la **Loi sur Investissement Canada** ait l'adhésion du ministre du Patrimoine canadien.*

5. TAXE SUR LES PRODUITS ET SERVICES

Recommandation : *que, dans l'éventualité d'une révision de la taxe sur les produits et services et de l'introduction d'un nouveau régime fiscal prévoyant des exemptions, le gouvernement envisage d'éliminer la taxe fédérale de vente sur les choses à lire, notamment les magazines.*

6. DIRECTIVES CONCERNANT LA PUBLICITÉ GOUVERNEMENTALE

Recommandation : *que le gouvernement fédéral et les gouvernements provinciaux, leurs agences et leurs sociétés fassent tout leur possible pour soutenir l'industrie canadienne des périodiques en plaçant dans les magazines et périodiques leurs annonces publicitaires destinées au public canadien de façon conforme à la politique du gouvernement fédéral sur les périodiques canadiens.*

7. MESURES GOUVERNEMENTALES PROVINCIALES

Recommandation : *que les gouvernements des provinces prennent les mesures de leur ressort pour soutenir une industrie canadienne des périodiques viable, notamment des mesures qui tiennent compte du problème que posent la publication et la diffusion d'éditions à tirage dédoublé.*

8. LES TARIFS POSTAUX PRÉFÉRENTIELS

Recommandation : *que le gouvernement fédéral maintienne le niveau actuel d'aide financière qu'il prodigue aux périodiques canadiens à diffusion payée afin de permettre au public de toutes les régions du Canada d'avoir accès aux périodiques canadiens à* *diffusion payée de leur choix à prix abordable, soit par des tarifs postaux préférentiels ou par un autre programme d'aide à la diffusion de ces périodiques.*

9. *LE FONDS DE DÉVELOPPEMENT DES INDUSTRIES CULTURELLES*

Recommandations :

a. *que la Banque fédérale de développement voie avec l'industrie et le ministère du Patrimoine canadien comment l'industrie canadienne des périodiques peut tirer plein rendement du Fonds de développement des industries culturelles (FDIC);*

b. *que l'industrie canadienne des périodiques fasse le plus possible appel aux ressources du FDIC;*

c. *qu'un budget annuel d'au moins 500 000 $ soit affecté aux Services de gestion-conseil du FDIC.*

10. *MESURES DU SECTEUR PRIVÉ*

Recommandation : *que l'industrie canadienne des périodiques continue de faire valoir aux annonceurs et aux agences de publicité l'avantage d'annoncer dans les magazines canadiens et l'accès unique qu'ils offrent au marché.*

11. *POUR L'AVENIR*

Recommandation : *que le gouvernement du Canada établisse d'ici la fin du siècle un procédé formel, tel un groupe de travail, pour évaluer l'effet de nos recommandations et déterminer si de nouvelles mesures sont nécessaires pour promouvoir l'industrie canadienne des périodiques.*

TABLE DES MATIÈRES

TABLEAUX

■ **CHAPITRE I**

UNE CONJONCTURE DÉCISIVE

INTRODUCTION

Les magazines canadiens contribuent à entretenir chez nous le sens de notre identité. Ils nous aident à nous voir comme personne d'autre ne peut nous voir. Tel un miroir dans nos mains, ils nous renvoient une image claire de ce que nous sommes. Ils nous font aussi voir le monde dans un éclairage canadien.

Comme les autres formes de communication, ils sont « le fil qui relie les fibres de la nation, notait en 1961 la Commission O'Leary.[1] Ils peuvent protéger les valeurs et encourager les pratiques d'une nation. Ils peuvent rendre possible un gouvernement démocratique et probable un meilleur gouvernement. Ils peuvent atténuer les divergences d'intérêt des groupes et ménager d'honorables compromis. Ils peuvent informer et instruire sur les arts, les sciences et le commerce. Ils peuvent aider à commercialiser les produits d'une nation et promouvoir sa richesse matérielle. Dans ces fonctions, on peut dire, sans grand risque d'être contredits, que les communications d'une nation sont aussi indispensables à sa survivance que ses défenses militaires, et devraient recevoir une protection nationale au moins égale. »

LE RÔLE DES MAGAZINES

Ayant pour mission de synthétiser, d'approfondir et de commenter — plutôt que de simplement rapporter — l'information, les magazines ajoutent un élément de réflexion à la pléthore de nouvelles qui nous sont transmises par les médias instantanés. Ils joignent l'utile à l'agréable et sont à la fois pertinents et durables. Libérés des servitudes quotidiennes, les magazines peuvent situer dans un meilleur éclairage les affaires qui se développent trop rapidement pour être bien cernées et comprises au jour le jour. L'histoire en marche n'autorise pas de jugement quotidien.

« Les autres médias diffusent l'information; les magazines font le point et la rendent mémorable, écrivait récemment Robert Fulford dans une publication de Magazines Canada.[2] Ils traitent l'information jusqu'à ce qu'elle devienne connaissance. Ils mettent de l'ordre dans le désordre d'informations qui nous parviennent et y trouvent un sens qui autrement risquerait de nous échapper. »

---

[1] Rapport de la Commission royale d'enquête sur les publications, présidée par M. Grattan O'Leary. Ottawa : Imprimeur de la Reine, mai 1961, p. 4. [rapport publié en anglais seulement].

[2] *Magazine Magic: A Celebration of Magazines and Advertising.* Toronto : Magazines Canada, p. 8.

Les magazines canadiens sont aussi un banc d'essai pour auteurs et artistes. On estime que 92 p. 100 des textes qu'ils contiennent sont rédigés à l'interne ou par des pigistes canadiens. De même, 92,7 p. 100 des dessins et photographies proviennent d'artistes canadiens. Quand les magazines canadiens sont forcés de réduire leurs dépenses, ce sont souvent les employés des services de création qui écopent. Surgit alors un problème d'un autre ordre : quand le travail de magazine se fait rare et que les honoraires des pigistes fondent, les journalistes chevronnés passent à un emploi plus lucratif et les jeunes resserrent la ceinture d'un cran ou deux. Le sort des auteurs et des artistes pourrait faire l'objet d'une étude distincte.

LES MAGAZINES CANADIENS COMBLENT UN BESOIN

Depuis 30 ans, les magazines de langue anglaise et de langue française ont pris de l'essor au Canada, sur le plan de la création et, dans une certaine mesure, sur le plan économique. La Commission O'Leary dénombrait 661 périodiques au Canada en 1956.[3] En 1992, l'industrie canadienne des périodiques comptait 1 440 titres, enregistrait des revenus de 846,4 millions de dollars et employait directement 6 273 personnes, en plus de 4 046 bénévoles et de quantité d'auteurs, de photographes et d'illustrateurs à la pige.

Les Canadiens lisent plus de magazines canadiens que jamais. Lors de la Commission royale d'enquête sur les publications en 1961, environ 25 p. 100 des magazines diffusés au Canada étaient canadiens; en 1992, la proportion atteignait presque 68 p. 100.

Le nombre et la variété des magazines reflètent les intérêts et les goûts des Canadiens. Toutes les régions et la plupart des grandes zones urbaines ont leurs magazines. Il y a des magazines pour tous les groupes d'intérêt : économique, professionnel, artistique, savant, religieux ou récréatif.

Les magazines de grande diffusion entraînent leurs lecteurs dans les coulisses des affaires et de la politique, explorent les tendances nouvelles et analysent les changements sociaux. Ils font mieux comprendre à l'ensemble de la nation les questions régionales et interprètent pour le bénéfice des régions les questions nationales. Ils vantent les réalisations canadiennes et remontent à la source de nos succès et de nos échecs, et brossent le portrait de Canadiens — ordinaires et extraordinaires — qui sont, à l'intérieur comme à l'extérieur, porteurs de changements dans notre quotidien.

Les magazines féminins méritent une bonne part de crédit pour les progrès considérables réalisés par les femmes au Canada depuis un demi-siècle. Ils ont souvent été à l'avant-garde de la lutte pour la

---

[3] *op. cit.*, p. 207.

reconnaissance de l'égalité et des droits des femmes, et ils ont fait en sorte que les femmes, d'un océan à l'autre, soient bien renseignées sur les questions qui les touchent. En somme, les magazines féminins ont permis au public de comprendre et d'apprécier les points de vue des deux sexes.

La presse professionnelle aborde presque tous les domaines : médias, finances, industrie et petite entreprise. Elle apporte des informations sur les produits et les services, permet à ses lecteurs de se tenir au courant du marché et de la concurrence, et leur fournit un éclairage canadien sur les tendances du marché mondial.

Il y a aussi la presse de divertissement, de littérature et de vulgarisation scientifique; bref, des périodiques qui répondent à tous les goûts et à tous les intérêts. Les périodiques spécialisés soudent les groupes et les particuliers d'un océan à l'autre partageant un même intérêt : amateurs d'arts et de cuisine, fervents de la faune ou de l'aviation, antiquaires et écologistes, troisième âge et savants.

Les magazines canadiens n'ont pas la tâche facile. Ils font face à la concurrence serrée des magazines étrangers diffusés au Canada. Le succès relatif de l'industrie canadienne est attribuable certes à ses propres efforts en premier lieu, mais aussi à une intervention de l'État destinée à garantir aux périodiques canadiens l'accès au marché intérieur de la publicité.

LE CONTEXTE DE L'INTERVENTION DE L'ÉTAT

L'économie de marché a certes bien servi le Canada et elle est la source d'une bonne partie de sa prospérité actuelle, mais l'histoire démontre que les gouvernements canadiens n'ont pas hésité à intervenir dans l'économie quand l'intérêt national le commandait. L'État a ainsi prêté main-forte à la construction de chemins de fer au siècle dernier et, aujourd'hui, à l'installation de réseaux de communication. Les gouvernements sont intervenus dans les industries culturelles pour promouvoir l'identité canadienne. La Société Radio-Canada en est un exemple notable. Le gouvernement est aussi intervenu dans l'industrie des périodiques.

Depuis la Commission O'Leary, chargée de rechercher les moyens d'affirmer l'identité du Canada par une presse périodique authentiquement canadienne, et le Comité spécial du Sénat sur les médias, présidé par le sénateur Keith Davey en 1970, les gouvernements successifs à Ottawa ont reconnu l'importance de l'industrie canadienne des périodiques dans l'affirmation de la personnalité canadienne.

Diverses mesures d'aide à l'industrie en témoignent. L'abattement des tarifs postaux a permis de distribuer les périodiques aux abonnés à bon marché; des mesures fiscales ont encouragé les annonceurs canadiens à utiliser les périodiques canadiens pour rejoindre un auditoire canadien; un tarif douanier a interdit l'entrée au Canada de magazines étrangers renfermant des annonces publicitaires destinées au public canadien; et une aide financière a été consentie à un large éventail de publications culturelles et savantes non commerciales.

Ces mesures ont aidé les périodiques canadiens à survivre dans un marché concurrentiel difficile, préservant le sens d'identité que nous en tirons. Mais la question se pose maintenant de savoir si elles répondent toujours au besoin et suffisent à réaliser les objectifs de longue date du Canada.

Avant l'introduction du code tarifaire 9958 au milieu des années 1960, presque tous les magazines étrangers contenant des annonces publicitaires destinées au public canadien étaient imprimés dans leur pays d'origine et importés au Canada. Depuis cette époque, le code tarifaire 9958 interdit l'importation de magazines renfermant des annonces publicitaires destinées au public canadien. Il autorise la douane à refuser l'entrée au Canada des quatre numéros subséquents d'un magazine qui ne respecte pas les règles. La mesure empêche effectivement l'entrée au Canada de magazines étrangers ou d'éditions à tirage dédoublé comportant des annonces publicitaires canadiennes.

Les progrès techniques ont modifié la dynamique de l'imprimerie. La transmission électronique de données permet maintenant aux publications de franchir de grandes distances par satellite ou par ligne téléphonique spécialisée plutôt que de faire le parcours sous forme de produits finis. Les pages du magazine peuvent être numérisées et transmises électroniquement à un imprimeur canadien sans traverser la frontière physiquement, et sans risque d'être interceptées par la douane. Le code tarifaire ne suffit donc plus à assurer l'application de la vieille politique du Canada sur les éditions à tirage dédoublé.

Ces changements, s'ajoutant à l'évolution des règles du commerce international, ont modifié le contexte des mesures actuelles et nous obligent à les réévaluer, d'où le mandat très large confié au Groupe de travail de revoir les mécanismes d'application de la politique fédérale sur les magazines canadiens.

LE MANDAT DU GROUPE DE TRAVAIL

Le gouvernement a confié au Groupe de travail la tâche d'examiner les mesures d'aide à l'industrie canadienne des périodiques en vue de faire des recommandations qui permettront au gouvernement de réaliser son objectif politique d'assurer aux Canadiens l'accès à de l'information et à des idées canadiennes par le truchement de périodiques authentiquement canadiens.[4]

Plus précisément, le gouvernement a demandé au Groupe de travail de recommander des moyens d'actualiser les deux mesures législatives destinées à assurer aux périodiques canadiens un volume adéquat de recettes publicitaires. Le Groupe de travail a aussi mission de recommander de nouvelles mesures permettant au gouvernement de mieux réaliser ses objectifs.

Malgré l'ampleur de son mandat, le Groupe de travail a vite constaté que les éditions régionales canadiennes, ou les éditions à tirage dédoublé, de magazines étrangers posent le problème le plus sérieux et le plus immédiat à l'industrie canadienne. Nous nous sommes donc concentrés sur la façon d'assurer aux magazines canadiens un volume adéquat de recettes provenant de la publicité destinée au public canadien.

Vu l'urgence de la situation, nous avons soumis au ministre des Communications un rapport provisoire le 31 mai 1993.[5] Dans ce rapport, nous recommandions au gouvernement de réaffirmer, « publiquement et en termes clairs, ses objectifs stratégiques depuis longtemps établis à l'égard de l'industrie canadienne des périodiques, en mentionnant particulièrement les éditions dédoublées ou les éditions régionales 'canadiennes' vendues au Canada avec des publicités destinées principalement à un public canadien ». Nous recommandions aussi d'« amender les *Lignes directrices à l'égard des entreprises liées*, établies conformément à la *Loi sur Investissement Canada*, pour préciser le statut des magazines ou des périodiques qui n'ont pas encore été publiés au Canada ».

Le gouvernement a donné suite aux deux recommandations dès le 19 juillet 1993 et réitéré par ces premières démarches sa politique concernant l'industrie canadienne des périodiques. La déclaration du gouvernement est reproduite à l'annexe 5.

Nous nous sommes ensuite livrés à l'examen de la situation actuelle de l'industrie canadienne des périodiques et de sa structure de marché, du marché canadien de la publicité et de son importance pour l'industrie des périodiques. Nous avons commandé deux recherches : l'une sur l'industrie canadienne des périodiques et sa structure financière[6]; l'autre sur le marché

---

[4] Le mandat du Groupe de travail sur l'industrie canadienne des périodiques est reproduit à l'annexe 3.

[5] Le rapport provisoire du Groupe de travail est reproduit à l'annexe 4.

[6] *The Canadian Periodical Publishing Industry: An Overview*. Préparée par N.D. Cebryk, R.A. Jenness et M.C. McCracken, d'Informetrica Ltd. Ottawa : 10 février 1994.

canadien de la publicité.[7] Nos conclusions s'inspirent de ces recherches et des renseignements que nous avons recueillis chez les représentants des industries de l'édition, de la publicité et de l'imprimerie, de vive voix ou par écrit.

Le présent rapport livre les résultats de nos travaux et documente nos recommandations en faveur d'un nouveau cadre d'aide. Pour comprendre les circonstances dans lesquelles s'insèrent nos recommandations, nous décrivons au chapitre II l'industrie des périodiques et son fonctionnement. Suivent au chapitre III une description du marché de la publicité exploité par les périodiques canadiens et une analyse de ses tendances. Le chapitre IV décrit le contexte situationnel des périodiques canadiens. Le chapitre V traite de l'effet éventuel des éditions à tirage dédoublé pour mieux saisir la gravité du problème et établir le bien-fondé des mesures recommandées. Le chapitre VI souligne l'importance de trouver le juste milieu entre les obligations internationales du Canada et les aspirations culturelles de sa population. Au chapitre VII, enfin, nous dressons la liste de nos recommandations.

---

[7] *An Analysis of Advertising Revenues to the Canadian Magazine Industry: The Effect of Foreign Split-Run Magazines.* Préparée par C. Leigh Anderson, avec l'aide de David Hennes et Patrick McIntyre. Ottawa : 19 janvier 1994.

■ CHAPITRE II

L'ÉCONOMIE DES PÉRIODIQUES

INTRODUCTION

La question qui se pose dans l'exécution de notre mandat d'actualiser les mesures d'aide à l'industrie canadienne des périodiques et d'en suggérer de nouvelles est la suivante : les magazines canadiens ont-ils besoin d'aide gouvernementale pour continuer de répondre aux besoins de leur public et, si oui, de quelle forme d'aide?

Avant de tirer des conclusions, il est clair qu'il faut en savoir davantage sur l'industrie. L'objet de ce chapitre est donc de réunir des informations sur l'économie des périodiques, les produits, les marchés et la structure des coûts dans l'industrie. Nous examinerons de près la situation de l'industrie canadienne des périodiques et, dans la mesure des renseignements à notre disposition, celle de l'industrie américaine à titre de comparaison.

MAGAZINES OU PÉRIODIQUES?

En premier lieu, il convient de définir les termes que nous employons. Dans notre rapport, il est aussi bien question de « magazines » que de « périodiques » pour parler de publications paraissant à intervalles réguliers et contenant des articles, des récits et parfois des illustrations.

Dans son *Édition du périodique*, Statistique Canada définit le périodique comme un moyen de diffusion qui :

- est destiné au grand public, ou à des consommateurs ayant des intérêts spéciaux, personnels, d'affaires, de passe-temps ou de loisirs, ou encore à des lecteurs spécialisés — milieu des affaires, commercial, professionnel;

- paraît à intervalles réguliers, plus d'une fois par année, mais pas plus d'une fois par semaine;

- affiche un titre et une forme de datation en page couverture;

- est imprimé sur papier journal, papier glacé ou autre; est agrafé, collé, plié, ou forme autrement un assemblage distinct; et est présenté en format magazine, condensé, demi, grand ou autre;

- ne contient pas plus de 70 p. 100 de publicité;

- est disponible sur le marché.

Les périodiques de l'État sont exclus par définition de la liste de Statistique Canada, de même que les bulletins, les organes communautaires, les annuaires, les prospectus et les catalogues.

Statistique Canada distingue six catégories de périodiques : magazines de grande diffusion, magazines spécialisés de grande diffusion, magazines professionnels, agricoles, religieux, et savants.

Les magazines de grande diffusion (ex. *Maclean's, L'Actualité*) sont destinés au grand public ou à une large part du marché. Les magazines spécialisés de grande diffusion (ex. *Hockey News, Coup de pouce, Flare*) sont destinés à des publics particuliers. Les revues professionnelles (ex. *The Canadian Architect, Masthead, L'Automobile*) traitent d'informatique, de fabrication manufacturière, de gestion, de vente, d'activités de l'industrie en général, d'une industrie en particulier, de métiers ou de professions. Elles s'adressent à des personnes engagées dans le champ d'activités qu'elles couvrent. Les périodiques agricoles (ex. *Grainnews, Le Coopérateur agricole, Country Guide*) traitent d'agriculture et d'élevage. Les périodiques religieux (ex. *The United Church Observer, L'Oratoire*) s'intéressent surtout aux questions religieuses. Les revues savantes (ex. *Actualité économique, Journal canadien de mathématiques, Études internationales*) publient des documents de recherche ou des articles savants dans un domaine particulier.

L'édition nationale d'un périodique est diffusée par tout le pays. Une édition régionale n'est diffusée que dans une région particulière et contient de la publicité et, parfois, des articles s'adressant au public de cette région.

Les éditeurs canadiens et étrangers publient des éditions régionales de leurs magazines sur leur marché national. Ils peuvent ainsi intéresser un plus large éventail d'annonceurs en leur permettant d'atteindre leur public cible à moindres frais que par une publicité nationale.

La revue *Canadian Living*, par exemple, publie une édition nationale dans laquelle on peut placer des annonces publicitaires destinées à un auditoire national. Les annonceurs ont cependant le choix de placer, dans une édition régionale, des annonces qui ne sont destinées qu'à des lecteurs de la Colombie-Britannique, par exemple. Le coût de la publicité au mille risque d'être plus élevé dans l'édition régionale, mais l'annonceur s'en tire quand même à meilleur compte que s'il achetait de l'espace dans l'édition nationale alors qu'il ne veut toucher que le public de la Colombie-Britannique.

Avec leurs éditions canadiennes, les magazines étrangers traitent le Canada comme une région de leur marché intérieur. Le contenu de l'édition canadienne ne diffère que très peu ou pas du tout de celui de l'édition originale, mais sa publicité s'adresse au public canadien. L'expression « édition à tirage dédoublé » est souvent utilisée au Canada pour désigner l'édition canadienne d'un magazine étranger; c'est celle que nous employons dans ce rapport.[8]

DEUX SOURCES DE REVENUS

Les magazines ont deux clientèles, les lecteurs et les annonceurs, et deux sources de revenus, le tirage et la publicité. Il y a symbiose entre ces deux éléments, soulignait le Rapport de la Commission royale d'enquête sur les publications[9] : « Dans la combinaison des deux s'exerce une action en spirale, fondamentale dans l'économie des périodiques : plus un périodique a de tirage, plus il peut attirer de publicité; plus ses recettes publicitaires sont importantes, plus il peut se permettre d'investir dans la rédaction; et plus il investit dans la rédaction, plus il a de chances d'augmenter son tirage. »

Voilà un exemple d'action positive, mais la spirale peut aussi agir en sens inverse. Moins un magazine tire de recettes de la publicité, moins il peut investir dans la rédaction; moins il investit dans la rédaction, moins il peut maintenir son tirage; et moins il a de tirage, moins il attire les annonceurs.

La courbe est moins prononcée pour les revues professionnelles, dont le tirage est généralement arrêté d'avance. Il y a quand même un rapport direct entre la qualité et la quantité de texte rédactionnel d'un magazine professionnel et sa capacité d'attirer des recettes publicitaires.

LES REVENUS DE TIRAGE

Le tirage est capital pour les annonceurs et, par conséquent, pour les recettes publicitaires. Le tirage payé peut représenter une part importante des revenus du magazine. En 1991-1992, les revenus de tirage des magazines canadiens se sont élevés à 245,8 millions de dollars, ou 29 p. 100 de l'ensemble de leurs revenus. Les magazines canadiens récoltent environ 25 p. 100 des revenus de tirage de l'ensemble du marché canadien.[10]

Les revenus de tirage sont constitués par les dépenses des lecteurs pour l'achat de magazines. La décision du lecteur d'acheter un magazine plutôt qu'un autre repose sur la valeur qu'il y attache. Son choix résulte d'un processus complexe fondé surtout sur le contenu, l'esthétique et le prix du magazine. Le simple bon sens

---

[8] Dans l'industrie, l'expression « tirage dédoublé » ou « équifractionné » désigne le tirage d'un magazine comportant la même annonce publicitaire sous deux présentations différentes, que l'on fait alterner d'un exemplaire à l'autre, dans le même numéro.

[9] op. cit., page 28.

[10] Il est difficile de déterminer la part exacte des revenus de tirage que touchent les magazines canadiens. Ce pourcentage est une estimation de la part qu'ont touchée les éditeurs canadiens des dépenses de consommation consacrées aux magazines.

suggère qu'à prix comparable au numéro, le lecteur choisira en général le magazine le plus volumineux, le plus substantiel et le plus attrayant.

Les périodiques sont vendus dans les kiosques, sur abonnement, ou distribués gratuitement à une liste de personnes sélectionnées par l'éditeur. Leur clientèle est composée de particuliers, de ménages, d'entreprises, de membres d'associations ou d'autres groupements.

La vente en kiosque

Pour la vente en kiosque, l'éditeur ou le distributeur voit à ce que les exemplaires soient expédiés de l'imprimeur à un grossiste, qui se charge de les diffuser dans les postes de vente. Les invendus, qu'on appelle le « bouillon », sont renvoyés au grossiste par le détaillant. Le pourcentage d'exemplaires vendus varie considérablement d'un périodique à l'autre et d'un numéro à l'autre du même magazine. Un taux de vente de 60 à 70 p. 100 passe pour excellent; la moyenne se situe plutôt autour de 40 à 45 p. 100. Le détaillant touche environ 20 p. 100 du prix au numéro des exemplaires vendus, le grossiste et le distributeur se partagent 30 p. 100, et l'éditeur gagne 50 p. 100.

Les magazines canadiens de langue anglaise se heurtent à une vive concurrence dans les kiosques; ils ne représentent en fait que 18,5 p. 100 des magazines de langue anglaise offerts dans les kiosques, qui sont dominés par les publications étrangères. Les magazines canadiens de langue française représentent environ 95 p. 100 des ventes en kiosque de magazines de langue française au Canada. Environ 10 p. 100 des magazines canadiens de langue anglaise et 27 p. 100 des magazines canadiens de langue française sont vendus en kiosque. Par contre, 89,3 p. 100 des magazines de grande diffusion de l'étranger sont disponibles en kiosque.

Les ventes en kiosque sont une source précieuse de contrats d'abonnement pour les magazines. Le taux de renouvellement des abonnements provenant des bons-réponses insérés dans les magazines vendus en kiosque est d'environ 20 p. 100 supérieur à celui des abonnements autrement sollicités. Une base d'abonnés stable est non seulement attrayante pour les annonceurs, mais elle assure l'éditeur d'une demande ferme.

La vente sur abonnement

L'abonnement constitue la principale source de revenus de tirage de la plupart des magazines canadiens. En 1991-1992, environ 7,5 exemplaires de magazines canadiens ont été vendus sur abonnement pour un exemplaire vendu en kiosque.

Les abonnements sont traités directement par l'éditeur ou par une agence, qui se charge d'expédier les exemplaires du magazine, de mettre à jour le fichier d'adresses et d'envoyer les avis de renouvellement.

Une bonne base d'abonnés donne de la stabilité à l'éditeur, l'aide à planifier la production et l'assure de rentrées de fonds régulières puisque les abonnements sont d'ordinaire payés d'avance ou au début de la période du contrat. Elle est aussi attrayante pour les annonceurs, qui tiennent à savoir l'envergure et les caractéristiques du public que touchera leur publicité.

Le prix de l'abonnement annuel comporte d'ordinaire une réduction sur le prix de vente au numéro en kiosque. Puisque l'éditeur épargne la remise au distributeur et au détaillant, il dispose d'une marge pour offrir un tel abattement. Il doit cependant tenir compte des frais d'expédition, de mise à jour du fichier d'adresses et de renouvellement.

La sollicitation d'abonnements occupe une bonne partie du temps des éditeurs de périodiques. La publicité directe par correspondance et les coupons-réponses insérés dans les exemplaires diffusés en kiosque sont les formes de sollicitation les plus courantes. De plus en plus de grands magazines ont cependant recours à d'autres médias, notamment la télévision, pour solliciter des abonnements.

Les autres modes de diffusion

Quantité de magazines sont distribués gratuitement aux membres d'un groupe cible d'intérêt particulier pour les annonceurs. Appelée « diffusion gratuite contrôlée », cette forme de distribution est la règle pour la presse professionnelle destinée à des groupes particuliers dans le milieu industriel ou professionnel.

La diffusion gratuite contrôlée peut être assurée par encartage dans un quotidien (ex. *TV Weekly*), en porte-à-porte par un distributeur de prospectus, en vrac chez un détaillant, dans des boîtes disposées dans la rue, ou simplement par la poste.

Au Canada, 72 p. 100 des périodiques professionnels sont diffusés gratuitement. Il leur faut donc compter sur la publicité pour l'essentiel de leurs revenus.

LES RECETTES PUBLICITAIRES

Si les lecteurs sont essentiels aux magazines, les organisations et entreprises qui y annoncent leurs produits et services ne le sont pas moins. La publicité fournit à la plupart des magazines une tranche importante de leurs revenus. Elle subvient aux frais du texte rédactionnel et permet à l'éditeur d'offrir son magazine à prix abordable, voire gratuitement dans certains cas. En 1991-1992, la publicité a fourni aux magazines canadiens 64 p. 100 de leurs revenus.

Les magazines sont un véhicule particulièrement efficace pour les annonceurs qui veulent atteindre un marché de segmentation démographique, géographique et psychographique précise. Le prix de la publicité est en général établi à la page, avec des variantes selon la couleur, la disposition et la dimension de l'annonce. Les grands magazines peuvent offrir la possibilité de placer l'annonce dans une édition régionale. Si l'annonceur veut cibler une région en particulier, il fera une meilleure affaire même si le coût de l'insertion par millier d'exemplaires risque d'être supérieur au tarif national.

Il est question plus en détail du marché de la publicité des magazines canadiens au chapitre III.

LA STRUCTURE DES COÛTS

Les magazines, comme les autres médias, ont des charges de production élevées et des frais marginaux de reproduction relativement faibles. Les créateurs de logiciels, les éditeurs de livres et les producteurs de film sont dans la même situation. L'éditeur de magazine a en plus l'obligation de produire à intervalles réguliers.

FRAIS FIXES ET FRAIS VARIABLES

Les charges de production d'un magazine, comme de tout autre produit, comportent des frais fixes et des frais variables. Les frais variables incluent les frais de vente de la publicité, les frais de promotion et de marketing, de production et d'impression, et de diffusion. Les frais fixes incluent les frais de rédaction, d'administration et de renouvellement des abonnements.

L'éditeur peut contenir les frais fixes, mais il ne peut impunément diminuer les frais de rédaction. Le magazine doit maintenir un sain équilibre entre les pages de texte et de publicité, idéalement un rapport de quarante à soixante ou de cinquante à cinquante. Si la publicité augmente, l'éditeur doit insérer plus de pages de texte. Si la publicité diminue, il peut diminuer les pages de texte pour contenir les coûts. Mais le magazine risque d'être boudé par ses lecteurs et de subir une baisse de tirage s'il perd trop de volume et d'attraits (voir le passage sur les ventes en kiosque plus haut). L'éditeur peut donc être forcé de maintenir des pages de texte non soutenues par la publicité.

LE TIRAGE

Un grand tirage entraîne de gros revenus de diffusion et de publicité. Les magazines canadiens ont un tirage bien inférieur à celui de leurs plus gros concurrents des États-Unis, comme l'indique le tableau 1 :

TABLEAU 1

Tirage par numéro, magazines de grande diffusion canadiens et américains

(en milliers)

	Vente en kiosque		Abonnement		Les deux	
	Canada	États-Unis	Canada	États-Unis	Canada	États-Unis
Les 10 premiers	77,3	2 540,2	504,7	10 288,3	567,5	11 436,8
Les 25 premiers	37,5	1 474,3	306,8	5 624,1	335,9	6 530,8
Les 50 premiers	19,1	937,6	175,3	3 507,2	194,3	4 132,7

Nota : Les magazines, dans chaque groupe, ne sont pas nécessairement les mêmes pour les trois catégories. Par exemple, un magazine qui est gros vendeur sur abonnement ne l'est pas forcément en kiosque.

Sources : Magazine Publishers of America.
Informetrica Ltd.

Avec un grand tirage, l'éditeur peut affecter une part plus faible de revenus à la rédaction et aux autres frais fixes et augmenter son bénéfice, ou affecter plus d'argent à la rédaction.

Un magazine dont le tirage est trop faible pour générer des revenus de diffusion et de publicité adéquats aura plus de mal à attirer des lecteurs. L'éditeur sera forcé ou bien d'exiger un prix exorbitant au numéro pour rentrer dans ses frais de rédaction, ou bien d'offrir à prix concurrentiel un magazine de qualité inférieure. Il lui sera difficile de rester à flot. Le tableau 2 illustre ce phénomène :

TABLEAU 2

Coûts pro forma d'un périodique

Tirage de :	(nombre d'exemplaires)				
	1 000	10 000	100 000	1 000 000	10 000 000
	(dollars)				
Frais de rédaction	50 000	50 000	50 000	50 000	50 000
Frais d'impression (1 $ par exemplaire)	1 000	10 000	100 000	1 000 000	10 000 000
Frais de distribution (0,25 $ par exemplaire)	250	2 500	25 000	250 000	2 500 000
Total des frais	**51 250**	**62 500**	**175 000**	**1 300 000**	**12 550 000**
Coût moyen par exemplaire	51,25 $	6,25 $	1,75 $	1,30 $	1,255 $

Source : Informetrica Ltd.

Bref, un magazine à tirage réduit peut difficilement rentrer dans ses frais, sans parler de réaliser des bénéfices.

LES RISQUES DE L'INDUSTRIE

La diversité de l'industrie des périodiques indique qu'il y a assez de créneaux sur le marché pour permettre à une grande variété de magazines de survivre dans des conditions pourtant très difficiles. Il ne s'ensuit pas que l'industrie est à l'épreuve des secousses, ni que tous les magazines sont prospères. Les marges bénéficiaires sont étroites, et les revenus de tirage et de publicité sont sensibles aux fluctuations de l'économie. Certains frais, tels le coût du papier et de l'impression et les tarifs postaux, sont incompressibles.

Les magazines de grande diffusion grevés de charges particulières ne peuvent pas sans risques les répercuter sur leurs clients car les prix des magazines et de la publicité ne sont pas très élastiques. Si un magazine augmente ses prix de 10 p. 100, par exemple, il risque de subir une perte de revenus de tirage et de publicité de plus de 10 p. 100.

Les périodiques professionnels sont fortement influencés par la situation de l'industrie qu'ils servent. Si l'industrie est en expansion, le tirage augmente et la publicité abonde. De nouvelles revues surgissent, multipliant les risques de faillite. Les industries en pleine maturité sont en général servies par un nombre stable de magazines. Les industries sur leur déclin entraînent dans leur sillage les magazines qui y sont consacrés.

L'INDUSTRIE CANADIENNE, VUE DE PRÈS

L'industrie canadienne des périodiques compte plus de 1 400 magazines, qui ont chacun leurs caractéristiques propres. Ils s'adressent à des publics différents, utilisent diverses méthodes de diffusion et ont une envergure régionale ou nationale. Leur propos peut être bien circonscrit ou très large.

Pour tracer un portrait plus net de l'industrie et de la part des recettes publicitaires dans le financement des divers types de publications, nous avons réparti les magazines en quatre groupes, selon la composition de leurs revenus, et de nouveau selon la langue.

TYPES DE MAGAZINES

Nous avons d'abord considéré séparément les périodiques qui sont l'expression d'un groupement, c.-à-d. qui tirent au moins 10 p. 100 de leurs revenus de cotisations à une association, et ceux qui ne le sont pas, c.-à-d. qui tirent moins de 10 p. 100 de leurs revenus de telle source. Le second groupe comprend donc les magazines qui sont vraiment livrés à la concurrence du marché.

Les périodiques qui ne sont pas liés à une association ont encore été répartis en trois catégories, selon le niveau de recettes publicitaires. Nous en arrivons ainsi à quatre groupes descriptifs :

- le Groupe I, comprenant les magazines qui tirent 90 p. 100 de leurs revenus ou plus de la publicité; il inclut la plupart des magazines professionnels et quelques magazines de grande diffusion;

- le Groupe II, comprenant les magazines qui tirent leurs revenus à peu près également de la publicité et du tirage;

- le Groupe III, comprenant les magazines qui tirent moins de 10 p. 100 de leurs revenus de la publicité;

- le Groupe IV, comprenant les magazines qui tirent au moins 10 p. 100 de leurs revenus de cotisations à une association.

Le Groupe I est dominé par les périodiques de diffusion gratuite contrôlée; le Groupe II par les magazines vendus sur abonnement ou qui sont le plus vendus en kiosque; et le Groupe II par les magazines religieux et savants, surtout vendus sur abonnement, mais parfois aussi en kiosque ou diffusés gratuitement.

En outre, nous avons réparti les magazines en trois groupes, selon la langue : français, anglais, et autres (y compris bilingues).

Statistique Canada regroupe les périodiques en six catégories, selon la classification des éditeurs eux-mêmes : magazines de grande diffusion, magazines spécialisés de grande diffusion, magazines professionnels, agricoles, religieux, et savants.

La comparaison des groupes constitués pour notre analyse et des catégories de Statistique Canada (tableau 3) fait ressortir des points intéressants. Chacun de nos groupes inclut des périodiques des six catégories de Statistique Canada. Les magazines de grande diffusion et les magazines spécialisés de grande diffusion sont disséminés parmi les Groupes I, II et III; les magazines professionnels se retrouvent en très grande partie dans le Groupe I, et les magazines religieux et savants dans le Groupe III. Le Groupe IV est surtout constitué de magazines spécialisés de grande diffusion et de revues savantes.

TABLEAU 3

Périodiques canadiens par domaine, 1991

(unités)

	Grand public	Spécialisé grand public	Professionnel	Agricole	Religieux	Savant	Total
Non lié à une association	162	364	357	60	183	181	1 307
Groupe I	45	95	233	30	3	10	416
Groupe II	69	168	101	28	27	26	419
Groupe III	48	101	23	2	153	145	472
Lié à une association							
Groupe IV	5	43	26	4	8	47	133
Total	**167**	**407**	**383**	**64**	**191**	**228**	**1 440**

Source : Informetrica Ltd.

Des 1 440 périodiques publiés au Canada en 1991, environ 60 p. 100 (857) étaient de langue anglaise; 22 p. 100 (313) de langue française, et 19 p. 100 (270) d'autres langues (y compris bilingues). Les magazines de langue anglaise ont récolté environ 70 p. 100 de l'ensemble des revenus; les magazines de langue française 21 p. 100, et les autres (bilingues y compris) 9 p. 100.

REVENUS, PROFITS ET PERTES

Les revenus des périodiques, toutes catégories confondues, ont évolué en dents de scie de 1987 à 1991, affichant parfois d'importantes hausses (jusqu'à 60 p. 100 pour les magazines de langue française du Groupe I en 1988) et parfois des pertes considérables (jusqu'à 24 p. 100 pour les magazines de langue anglaise du Groupe IV en 1990).

Les revenus par exemplaire ont atteint un sommet de 1,70 $ en 1989 et ont décliné chaque année par la suite jusqu'à 1,61 $ en 1991. Les divers groupes ont encore une fois affiché des résultats en dents de scie.

Le tableau 4 montre l'estimation des revenus des périodiques canadiens de 1987 à 1991. La publicité est de loin la première source de revenus, représentant de 63 à 65 p. 100 du total.

TABLEAU 4

Estimation* du revenu total des périodiques, 1987-1988 à 1991-1992

Source de revenu	1987-1988		1988-1989		1989-1990		1990-1991		1991-1992	
	000 000 $	%	000,000 $	%	000 000 $	%	000 000 $	%	000 000 $	%
Ventes sur abonnement	164,3	21	195,2	23	198,2	22	184,7	21	186,4	22
Ventes au numéro	62,2	8	63,2	7	64,4	7	62,9	7	59,4	7
Ventes d'espace publicitaire	484,4	63	545,7	63	576,2	64	577,3	65	541,2	64
Autres revenus	63,9	8	58	7	64,2	7	59	7	59,4	7
Revenu total	**774,05**	**100**	**862,1**	**100**	**903,0**	**100**	**883,9**	**100**	**846,4**	**100**

* Ce tableau comprend une estimation pour les périodiques qui n'ont pas répondu à l'enquête.

Source : Statistique Canada

Les tableaux 5, 6 et 7 ventilent les résultats selon les types de magazines. Pour le Groupe I, ou les magazines à diffusion gratuite contrôlée, la publicité représente plus de 96 p. 100 des revenus dans toutes les langues. La publicité constitue aussi une large part des revenus du Groupe II, composé surtout de magazines de grande diffusion. Elle représente 56,1 p. 100 des revenus des magazines de langue anglaise, 52,6 p. 100 des magazines de langue française, et 58,9 p. 100 des magazines bilingues et autres. Le Groupe III, par définition, tire moins de 10 p. 100 de ses revenus de la publicité. Il est surtout composé de publications religieuses et savantes, dont les revenus dépendent très peu de la publicité.

Tous types de magazines confondus, la publicité représente 67,6 p. 100 des revenus des périodiques de langue anglaise, 51,3 p. 100 des revenus des périodiques de langue française, et 64,5 p. 100 des revenus des périodiques bilingues et autres.

TABLEAU 5

Magazines de langue anglaise
Revenu et tirage, 1991

	Groupe I	Groupe II	Groupe III	Groupe IV	Total
Nombre de périodiques	309	275	216	57	857
Revenu total	100,0	100,0	100,0	100,0	100,0
	(pourcentage des recettes totales)				
Recettes publicitaires	97,0	56,1	1,8	26,6	67,6
Rentrées des ventes à l'exemplaire	0,3	8,2	3,7	1,5	5,0
Recettes des abonnements	1,4	31,6	61,0	8,7	21,6
Subventions	0,0	0,3	8,3	1,1	0,6
Autres revenus	1,3	3,8	25,2	62,0	5,3
Tirage par numéro	100,0	100,0	100,0	100,0	100,0
	(pourcentage du tirage)				
Kiosque	0,9	9,5	2,1	2,8	5,2
Abonnement	8,2	72,8	69,9	79,0	47,0
Autres	85,2	17,7	27,9	18,2	45,5
Non alloué	5,7	0,0	0,1	0,1	2,3

Nota : Les chiffres sont arrondis à 100,0.

Source : Informetrica Ltd.

TABLEAU 6

Magazines de langue française
Revenu et tirage, 1991

	Groupe I	Groupe II	Groupe III	Groupe IV	Total
Nombre de périodiques	64	90	138	21	313
Revenu total	100,0	100,0	100,0	100,0	100,0
	(pourcentage des recettes totales)				
Recettes publicitaires	97,8	52,6	3,1	34,9	51,3
Rentrées des ventes à l'exemplaire	0,1	19,0	24,3	0,5	16,5
Recettes des abonnements	1,5	24,6	55,1	6,6	25,5
Subventions	0,0	1,3	5,6	1,2	1,8
Autres revenus	0,6	2,5	11,9	56,8	4,9
Tirage par numéro	100,0	100,0	100,0	100,0	100,0
	(pourcentage du tirage)				
Kiosque	0,1	26,9	13,3	0,5	16,0
Abonnement	5,5	62,2	71,0	87,2	54,9
Autres	94,3	10,9	15,6	12,1	29,0
Non alloué	0,1	0,1	0,2	0,2	0,1

Nota : Les chiffres sont arrondis à 100,0.

Source : Informetrica Ltd.

TABLEAU 7

Magazines d'autres langues
Revenu et tirage, 1991

	Groupe I	Groupe II	Groupe III	Groupe IV	Total
Nombre de périodiques	43	54	118	55	270
Revenu total	100,0	100,0	100,0	100,0	100,0
	(pourcentage des recettes totales)				
Recettes publicitaires	96,3	58,9	0,9	24,2	64,5
Rentrées des ventes à l'exemplaire	0,0	2,2	1,9	0,3	1,0
Recettes des abonnements	1,8	29,7	40,8	17,9	17,2
Subventions	0,0	2,8	17,4	7,3	4,1
Autres revenus	1,8	6,4	39,0	50,3	13,2
Tirage par numéro	100,0	100,0	100,0	100,0	100,0
	(pourcentage du tirage)				
Kiosque	0,0	2,0	2,3	1,5	0,9
Abonnement	14,5	83,3	46,1	86,6	42,5
Autres	82,1	14,7	51,4	11,8	54,7
Non alloué	3,4	0,1	0,2	0,2	1,9

Nota : Les chiffres sont arrondis à 100,0.

Source : Informetrica Ltd.

Les tableaux 5, 6 et 7 montrent clairement que, dans toutes les catégories de langue, la publicité fournit presque tous les revenus des magazines du Groupe I. Les magazines du Groupe II dépendent de la publicité pour plus de la moitié de leurs revenus.

LA CONCENTRATION DES ENTREPRISES

Les 12 plus gros éditeurs au Canada possédaient 148, soit environ 10 p. 100, des 1 440 magazines publiés en 1991. Ils employaient 1 257 personnes à plein temps, soit environ 30 p. 100 du personnel à plein temps de l'industrie. Ils ont touché 51 p. 100 des revenus de l'industrie en 1991 et réalisé un bénéfice d'exploitation de 4,67 p. 100 comparativement à la moyenne d'ensemble de 2,36 p. 100.

Les 12 plus gros éditeurs investissent plus de deux fois plus que le reste de l'industrie dans le marketing, la promotion et la vente d'espace publicitaire. Cela laisse supposer qu'ils économisent davantage ailleurs. Les 12 plus gros éditeurs dépensent effectivement moins de la moitié que ce qu'il en coûte au reste de l'industrie en frais administratifs et en frais généraux. Ces deux postes budgétaires semblent donc susceptibles d'économies d'échelle.

Le reste de l'industrie est déficitaire. En 1988, les pertes d'exploitation enregistrées par l'ensemble des magazines n'appartenant pas aux 12 plus gros éditeurs se sont établies à huit millions de dollars. En 1991, elles n'étaient plus que de 300 000 $.

RENTABILITÉ

Nos recherches ont produit une mine de renseignements sur le rendement de divers segments de l'industrie des périodiques au Canada. En considérant le résultat net, on constate que le bénéfice d'exploitation des périodiques de langue française et de langue anglaise a décliné de 1987 à 1991 : de 5,2 p. 100 à 2,6 p. 100 pour les magazines de langue anglaise, de 8,0 p. 100 à 2,7 p. 100 pour les magazines de langue française. Les magazines bilingues et autres ont amélioré leurs résultats d'exploitation, passant de –2,3 p. 100 à –0,6 p. 100.

La capacité de gain de l'industrie canadienne des périodiques est très variable. La moitié des magazines environ affichent un bénéfice d'exploitation (voir le tableau 8). À titre de comparaison, notons que 69,5 p. 100 de l'ensemble des entreprises canadiennes ont été rentables en 1987, selon les plus récentes estimations de Statistique Canada.

Le bénéfice d'exploitation est le bénéfice comptable du magazine. Il exclut les bénéfices qui ne sont pas liés à l'exploitation du magazine, de même que les intérêts débiteurs, l'amortissement des biens d'équipement et celui du coût en capital.

Les magazines rentables se situent en général dans une fourchette de 0 à 9 p. 100 de bénéfice d'exploitation, mais plusieurs magazines dans tous les groupes ont un bénéfice supérieur à 10 p. 100. Les magazines déficitaires, tous groupes confondus, se situent en général dans une fourchette de –1 à –10 p. 100.

Il faut noter ici qu'il est question de magazines et non pas d'entreprises. Il arrive qu'une entreprise publie plusieurs magazines qui sont les uns rentables, les autres déficitaires. Elle peut, sur l'ensemble, afficher un bénéfice d'exploitation même si certains de ses magazines sont déficitaires.

TABLEAU 8

Répartition des périodiques selon la marge bénéficiaire d'exploitation, 1991

Catégorie de bénéfice d'exploitation	Nombre	% du total	Rendement moyen en %*	% du (total > 0) ou du (total < 0)
<–50 %	144	11,0		23,0
–50 % à –26 %	106	8,1		16,9
–25 % à –11 %	160	12,2		25,6
–10 % à –1 %	216	16,5		34,5
	626	47,9	**–30,2**	100,0
			–16,8	
0 % à 9 %	365	27,9		53,6
10 % à 19 %	150	11,5		22,0
20 % à 29 %	65	5,0		9,5
30 % +	101	7,7		14,8
	681	52,1	**14,6**	100,0
			9,3	
Total	1 307	100,0	**–6,9**	

* Les chiffres gras sont calculés à partir de la valeur médiane de chaque plage prise comme moyenne de cette plage. La moyenne des catégories non limitatives équivaut à 1,5 fois la limite inférieure de la catégorie en cause.

On a laissé tomber une valeur secondaire (chiffres non gras) qui s'obtient par la même méthode sauf que la remarque touchant les deux catégories non limitatives n'est pas appliquée.

Nota : Les chiffres sont arrondis à 100,0.

Source : *Informetrica Ltd.*

UN POINT DE COMPARAISON : LES PÉRIODIQUES AMÉRICAINS

L'analyse de l'économie des périodiques canadiens ne serait pas complète sans référence aux périodiques étrangers, qui dominent le marché canadien. Les magazines étrangers représentent 81,4 p. 100 des magazines diffusés en kiosque et un peu plus de la moitié (50,4 p. 100) du tirage total de magazines de langue anglaise de grande diffusion au Canada. Les magazines étrangers sont disponibles partout au Canada.

Les renseignements statistiques sur les périodiques étrangers ne sont pas aussi aisément accessibles que ceux concernant les périodiques canadiens. Les renseignements qui suivent sur l'industrie américaine sont ceux que le Groupe de travail a pu obtenir. Ils sont tirés de diverses sources utilisées dans le cours de notre recherche et constituent selon nous un barème utile pour établir une comparaison avec l'industrie canadienne.

En 1993, on estimait à 22,7 milliards de dollars les revenus des périodiques aux États-Unis. Ces chiffres indiquaient une hausse de 5,4 milliards (31 p. 100) par rapport au résultat de 1987, mais représentaient une baisse en dollars indexés (pour refléter les effets de l'inflation). L'industrie canadienne a réalisé, quant à elle, des revenus de 846,4 millions de dollars en 1991-1992.

La valeur des exportations de magazines américains a dépassé 800 millions de dollars en 1992-1993; 78 p. 100 étaient destinées au Canada. Les exportations de magazines canadiens se sont chiffrées à 22 millions de dollars en 1991; 78 p. 100 du total et 85 p. 100 des exportations de magazines de langue anglaise étaient destinées aux États-Unis.

Le ministère du Commerce des États-Unis dénombrait plus de 11 000 périodiques en 1991 (d'autres sources en comptaient jusqu'à 15 000). En 1991-1992, il y avait 1 440 périodiques servant trois marchés distincts au Canada : anglais, français et autres. On comptait 857 magazines de langue anglaise, 313 de langue française, 230 bilingues et 40 d'autres langues.

LA CONCENTRATION DES ENTREPRISES

Les groupes de presse publient environ 30 p. 100 des périodiques aux États-Unis. Au Canada, 496 magazines, soit 34 p. 100, sont publiés par des groupes de presse.

Les quatre plus gros éditeurs des États-Unis récoltent environ 20 p. 100 des revenus de l'industrie; les 20 plus gros environ 50 p. 100. Au Canada, les quatre plus gros éditeurs récoltent près de 40 p. 100 des revenus de l'industrie, et les 12 plus gros environ 50 p. 100.

TIRAGE

Aux États-Unis, 84 magazines de grande diffusion ont un tirage de plus d'un million d'exemplaires; 220 ont un tirage de plus de 300 000 et 226 ont un tirage de 50 000 à 300 000 exemplaires.[11]

Au Canada, un seul magazine de grande diffusion, le *Reader's Digest*, a un tirage dépassant le million d'exemplaires (1 266 518); 14 ont un tirage de plus de 300 000; et seulement 40 magazines ont un tirage de 50 000 à 300 000.

REVENUS, STRUCTURE DES COÛTS ET RENTABILITÉ

Ces disparités, illustrées par le tableau 1, expliquent la différence de rentabilité entre périodiques canadiens et américains, qui fonctionnent à des échelles nettement différentes. Leur structure de revenus est essentiellement la même, mais les magazines américains peuvent compter sur des revenus de diffusion et de publicité beaucoup plus élevés en raison de leur tirage.

---

[11] Tirage payé, selon l'Audit Bureau of Circulation, décembre 1992.

La structure des revenus et dépenses des magazines de grande diffusion au Canada et aux États-Unis est très semblable, comme l'indique le tableau 9 :

TABLEAU 9

Magazines de grande diffusion canadiens et américains
Revenus et dépenses, 1991

	Canada			États-Unis
	Groupe II*	4 principaux éditeurs	12 principaux éditeurs	
Nombre de périodiques	275	78	148	190
Revenus	(pourcentage du revenu total)			
Publicité	58,55	57,67	63,77	55,37
Ventes sur abonnement	32,94	30,96	25,30	35,99
Ventes à l'exemplaire	8,51	11,37	10,93	8,64
Total des revenus	**100,00**	**100,00**	**100,00**	**100,00**
Dépenses				
Publicité	10,05	11,45	11,63	11,38
Marketing et promotion	11,20	12,46	10,05	12,16
Coûts liés aux abonnements	3,70	3,20	3,47	2,69
Rédaction	15,07	15,71	14,46	11,24
Production et impression	33,22	31,05	34,18	27,84
Diffusion	7,07	6,74	6,16	9,86
Administration et frais généraux**	17,15	13,84	15,38	12,76
Total des coûts	**97,45**	**94,45**	**95,33**	**87,93**
Bénéfice d'exploitation avant impôts	**2,55**	**5,55**	**4,67**	**12,07**

* Périodiques de langue anglaise du Groupe II (grande diffusion)
** Comprend les autres frais postaux et les autres frais d'exploitation

*Sources : Magazine Publishers of America et Statistique Canada
        Informetrica Ltd.*

La grande différence réside dans la part du revenu affectée aux frais fixes de la rédaction (de 3 à 4,5 p. 100 inférieure aux États-Unis) et aux frais de production et d'impression (de 3 à 6 p. 100 inférieure aux États-Unis), reflétant sans doute des économies d'échelle. Les frais administratifs et les frais généraux sont aussi inférieurs (de 1 à 4 p. 100) aux États-Unis. Ces postes budgétaires suffisent à expliquer la différence de rentabilité de l'industrie dans les deux pays, et cette différence est considérable. En 1991, le taux moyen de rentabilité des magazines de grande diffusion du Groupe II au Canada était de 2,55 p. 100; celui des quatre plus gros éditeurs canadiens était de 5,55 p. 100, et le bénéfice des magazines américains de grande diffusion atteignait 12,07 p. 100. Il y avait donc une différence de près de 10 p. 100 dans le taux moyen de rentabilité des magazines de grande diffusion canadiens et américains.

Ces chiffres révèlent aussi que les recettes publicitaires sont proportionnellement plus importantes pour les magazines canadiens. Elles représentent 58,55 p. 100 du revenu des magazines de grande diffusion; 57,67 p. 100 du revenu des quatre plus gros éditeurs, et 63,77 p. 100 du revenu des 12 plus gros éditeurs. Dans tous les cas, c'est un pourcentage plus élevé qu'aux États-Unis.

La comparaison des dépenses affectées aux différents postes montre que l'industrie canadienne, dans l'ensemble, est tout aussi efficace que l'industrie américaine. Le tableau 10 montre que la répartition des frais fixes dans l'industrie canadienne est en tous points parallèle à celle de l'industrie américaine; la part de dépenses absorbée par le renouvellement des abonnements, la rédaction et les frais généraux est essentiellement la même.

TABLEAU 10

Magazines de grande diffusion canadiens et américains
Tirage et dépenses, 1991

	Canada						États-Unis	
	Groupe II*		4 principaux éditeurs		12 principaux éditeurs			
Nombre de périodiques	275		78		148		190	
Tirage par numéro**								
Kiosque	4 484		36 304		31 794		123 613	
Abonnement	34 512		75 571		57 027		515 548	
Total	38 996		111 875		88 821		639 161	
	Part du groupe	Part du total	Part du groupe	Part du total	Part du groupe	Part du total	Part du groupe	Part du total
Dépenses	%	%	%	%	%	%	%	%
Frais variables	100,00	63,14	100,00	65,32	100,00	65,06	100,00	69,64
Publicité	16,33	10,31	18,56	12,12	18,75	12,20	18,58	12,94
Marketing et promotion	18,20	11,49	20,19	13,19	16,20	10,54	19,86	13,83
Production et impression	53,98	34,09	50,33	32,88	55,12	35,86	45,46	31,66
Diffusion	11,49	7,26	10,29	7,13	9,93	6,46	16,10	11,21
Frais fixes	100,00	36,86	100,00	34,68	100,00	34,94	100,00	30,36
Coûts liés aux abonnements	10,30	3,80	9,77	3,39	10,42	3,64	10,08	3,06
Rédaction	41,95	15,46	47,96	16,63	43,42	15,17	42,11	12,78
Administration et frais généraux***	47,75	17,60	42,27	14,66	46,16	16,13	47,81	14,51
Total des coûts		100,00		100,00		100,00		100,00

* Périodiques de langue anglaise du Groupe II (grande diffusion).

** Le tirage par numéro aux États-Unis est fondé sur un échantillon de 568 périodiques.

*** Comprend les autres frais postaux et les autres frais d'exploitation.

Nota : Les chiffres sont arrondis à 100,0.

Source : Magazine Publishers of America Inc. et Statistique Canada

Préparé par Informetrica Ltd.

Le tableau 10 indique aussi que les magazines américains dépensent moins en frais fixes (30,36 p. 100 comparativement à 36,86 p. 100 pour les magazines canadiens) parce qu'ils les répartissent sur un plus grand tirage. Aux États-Unis, la diffusion absorbe une plus grande part des frais variables, et les frais de production et d'impression une part sensiblement moindre. Ces différences reflètent encore une fois les économies d'échelle qu'entraîne l'impression d'un plus grand nombre d'exemplaires par numéro.

Enfin, la comparaison des salaires versés dans les deux pays pour un travail équivalent indique que l'industrie canadienne paie dans tous les cas des salaires très concurrentiels. Les taux de rémunération qui apparaissent dans le tableau 11 représentent le salaire avant impôts, sans avantages accessoires.

En moyenne, les salaires de l'industrie sont de 27 p. 100 supérieurs au Canada. Ce n'est cependant pas le cas de l'industrie des périodiques : sauf deux catégories, les salaires versés au Canada sont sensiblement inférieurs à ceux payés aux États-Unis pour le même travail. Puisque les salaires représentent une forte proportion des frais des périodiques, c'est une différence qui vaut d'être notée dans la structure des coûts des deux industries.

TABLEAU 11

Taux de rémunération dans l'industrie des périodiques, 1992
Canada et États-Unis

	Spécialisés		Grand public	
	Taux de rémunération ($ CAN par an)	Indice (États-Unis = 100)	Taux de rémunération ($ CAN par an)	Indice (États-Unis = 100)
Rémunération dans l'ensemble de l'industrie				
Canada	29 090	127	29 090	127
États-Unis	22 922	100	22 922	100
Rédacteur en chef				
Canada	43 039	73	43 008	84
Ontario	44 756	76	48 327	94
États-Unis	58 817	100	51 262	100
Directeur de la rédaction				
Canada	58 795	76	53 836	71
Ontario	57 614	74	76 504	101
Éditeur				
Canada	50 578	65	40 235	53
Ontario	50 176	65	48 169	64
Directeur de la rédaction				
États-Unis	77 740	100	75 701	100
Secrétaire de la rédaction	33 792	68	33 718	69
Canada	33 470	68	38 607	78
Ontario	49 543	100	49 197	100
États-Unis				
Rédacteur principal	40 073	73	35 702	73
Canada	41 369	75	42 502	86
Ontario	55 153	100	49 193	100
États-Unis				
Chroniqueur des arts et spectacles	34 002	67	27 273	52
Canada	40 613	80	31 641	60
Ontario	51 054	100	52 954	100
États-Unis				
Directeur des ventes de publicité	68 239	62	48 169	45
Canada	63 258	57	51 853	48
Ontario	110 635	100	107 333	100
États-Unis				
Vendeur de publicité	61 983	92	54 191	101
Canada	61 864	92	57 884	107
Ontario	67 231	100	53 872	100
États-Unis				

Notes :

Les chiffres pour le Canada sont fondés sur une enquête menée en 1989 par *Masthead* dont les résultats ont été actualisés en fonction des chiffres de 1992 sur la croissance du taux de rémunération moyen dans les industries de l'imprimerie et de l'édition.

Les chiffres pour les États-Unis ont été convertis en dollars canadiens selon le taux de change moyen de 1,21 $.

Sources :
Folio : The Magazine for Magazine Management (États-Unis) et Masthead : The Magazine About Magazines (Canada).
Département du Commerce des États-Unis, Survey of Current Business, mars 1993 et estimations d'Informetrica Limited.

Préparé par Informetrica Ltd.

CONCLUSION
Sur la foi des mémoires qui lui ont été présentés, de ses rencontres avec les représentants des périodiques et du milieu de la publicité de Halifax à Vancouver, et de ses recherches, le Groupe de travail dégage les conclusions ci-après.

- *Depuis l'adoption des mesures découlant des recommandations de la Commission O'Leary, l'industrie canadienne des périodiques s'est étendue pour répondre à une très grande variété d'intérêts et de besoins. L'industrie produit 1 440 magazines dont le contenu équivaut annuellement à celui de 2 500 livres.*

- *Si riche et varié que soit leur contenu rédactionnel, les périodiques canadiens sont dans une situation précaire. En 1991, plus de la moitié n'ont réalisé aucun bénéfice d'exploitation, et la moyenne du bénéfice d'exploitation de l'industrie n'était que de 2,36 p. 100. Les bénéfices d'exploitation des magazines de langue anglaise et de langue française ont diminué de 1987 à 1991, passant de 5,2 à 2,6 p. 100 pour les premiers, et de 8,0 à 2,7 p. 100 pour les seconds.*

- *Rien ne porte à croire que les mesures aujourd'hui en vigueur ont diminué l'efficacité de l'industrie canadienne par rapport à celles de l'étranger, ou tempéré son goût du bénéfice.*

- *Puisque le marché canadien est plus restreint et se partage de surcroît deux grands groupes linguistiques, les magazines canadiens n'auront jamais qu'une fraction du tirage des magazines américains. Les revenus de tirage des magazines canadiens resteront donc bien inférieurs à ceux des magazines américains. Ceux-ci récoltent même plus de revenus de diffusion au Canada que les magazines canadiens.*

L'analyse de la situation financière de l'industrie fait nettement ressortir le rapport entre le tirage, les recettes publicitaires et le contenu rédactionnel des magazines : plus un magazine a de tirage, plus il peut attirer de publicité; plus les recettes qu'il tire de la publicité sont importantes, plus il peut consacrer d'argent à la rédaction; et plus il y investit, plus il est susceptible d'attirer des lecteurs, qui grossiront son tirage. La spirale peut aussi agir en sens inverse : la faiblesse d'un élément se répercute sur les autres.

L'importance de la publicité dans la composition des revenus des périodiques ne laisse pas de doute, elle est vitale. Le chapitre suivant analyse le marché de la publicité des magazines canadiens.

■ CHAPITRE III

RECETTES PUBLICITAIRES DES PÉRIODIQUES CANADIENS : UNE RESSOURCE LIMITÉE

INTRODUCTION

Rares sont les éditeurs de périodiques qui peuvent se contenter des revenus de tirage pour couvrir leurs frais, sans parler de bénéfice. Il leur faut compter sur les recettes de la publicité pour soutenir le texte rédactionnel et pouvoir diffuser le magazine à prix raisonnable, ou gratuitement. Des pages de publicité supplémentaires peuvent faire la différence entre les bénéfices et les pertes d'un magazine. Les recettes publicitaires revêtent donc une importance capitale pour l'économie des périodiques.

Si l'industrie va mal, l'objectif de la politique du Canada, qui est de garantir à la population canadienne l'accès à des idées et à des informations canadiennes dans des magazines canadiens, ne peut être atteint. Les éditeurs de magazines doivent avoir un accès adéquat aux recettes publicitaires disponibles sur le marché canadien. Les mesures en vigueur depuis 1965 sont destinées à les en assurer, en encourageant les annonceurs à s'adresser au public canadien par la voie des magazines et des périodiques canadiens. Les recettes publicitaires restent tout aussi indispensables à l'industrie des périodiques qu'elles l'étaient il y a 30 ans, lorsque ces mesures ont été adoptées.

Nous examinons dans ce chapitre les tendances des dépenses de publicité des 30 dernières années dans les médias et les périodiques canadiens. Comme au chapitre précédent, les magazines américains nous servent d'exemples de périodiques étrangers; nous comparons leur part du marché américain de la publicité à celle que détiennent les magazines canadiens sur le marché canadien. Nous considérons ensuite les tendances qui se dessinent afin d'évaluer le volume futur de recettes publicitaires des périodiques canadiens.

S'il y a plus de magazines sur le marché, nous a-t-on dit, plus d'argent sera affecté à la publicité dans les magazines et l'industrie canadienne n'y perdra rien. Dans ce chapitre, nous examinons les fondements de cette hypothèse.

LES DÉPENSES DE PUBLICITÉ À LONG TERME

Nos recherches montrent que la hausse des recettes publicitaires des périodiques depuis 1963 est moindre que celle enregistrée par les autres médias. De 1963 à 1992, les dépenses de publicité média ont augmenté. La télévision a bénéficié de la hausse la plus forte, de 70 à 1 736 millions de dollars. Les dépenses de publicité dans les journaux sont passées de 187 à 1 910 millions de dollars au cours de la même période et à la radio, de 59 à 745 millions. Les magazines ont enregistré la hausse la plus faible, de 67 à 569 millions de dollars.

TABLEAU 12

Part de marché de la publicité média au Canada

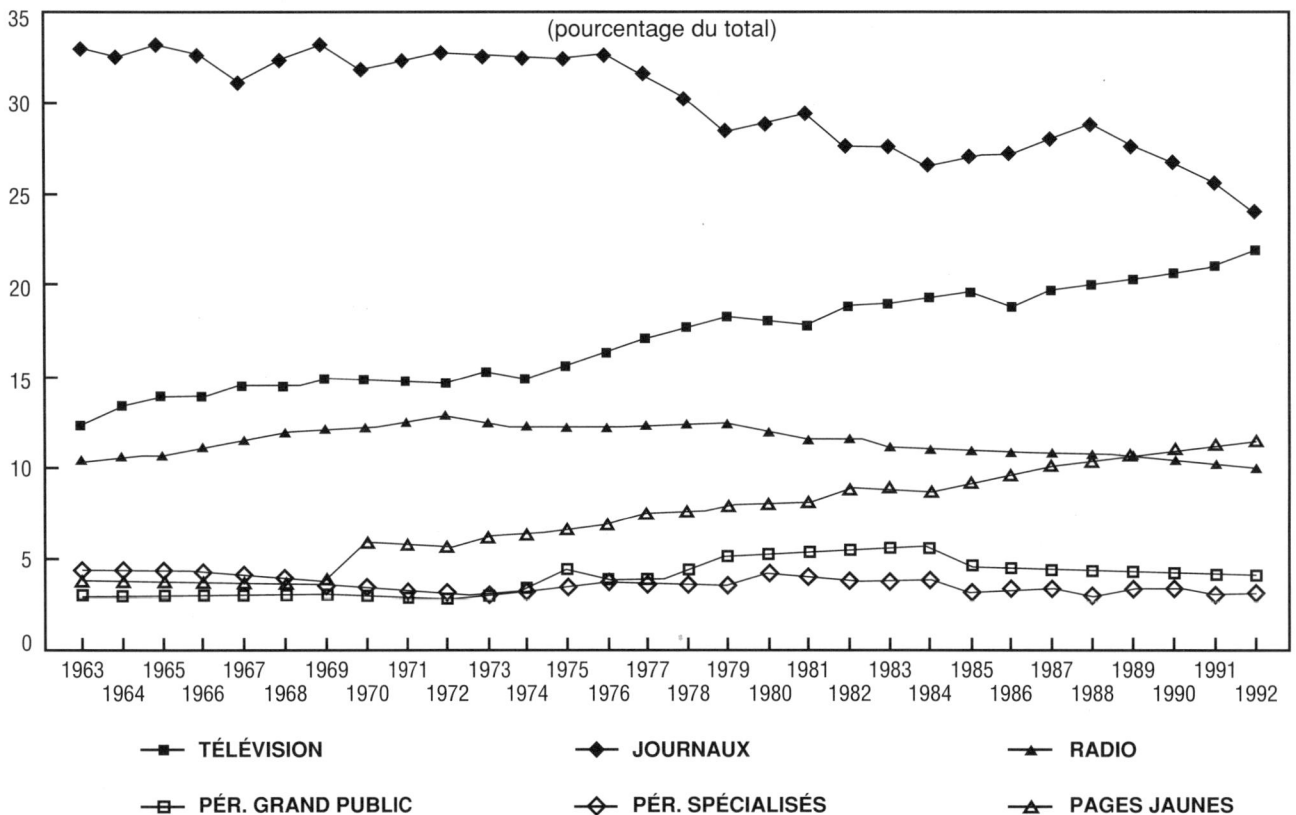

Source : Bureau de télévision du Canada

La télévision et les pages jaunes ont le plus augmenté leur part de publicité média de 1963 à 1992. La part de la télévision est passée de 12,43 à 20,93 p. 100; celle des pages jaunes, de 3,91 à 10,39 p. 100. Les journaux ont été les plus grands perdants; leur part est tombée de 33,21 à 23,03 p. 100.

LES RECETTES PUBLICITAIRES DES MAGAZINES

Les magazines ont connu plus de baisses annuelles de recettes publicitaires que les autres médias au Canada. Néanmoins, le volume de publicité dans toutes les catégories de magazines a affiché une tendance positive ou neutre depuis 1963. En dollars constants, reflétant les effets de l'inflation, les dépenses de publicité média ont augmenté de 183 p. 100 au cours de la période de 30 ans. Les recettes publicitaires des magazines de grande diffusion ont augmenté de 200 p. 100; celles des magazines professionnels, de 36 p. 100; et celles des magazines religieux et savants, de 763 p. 100; les recettes des magazines agricoles ont baissé de 17 p. 100.

L'augmentation du volume de publicité a atteint son point culminant entre 1981 et 1984, selon les catégories de magazines. Depuis, la tendance en termes réels est à la baisse, ou stable au mieux, pour toutes les catégories de magazines. La courbe est plus ou moins prononcée selon le type de magazines mais la tendance est la même pour tous.

De 1963 à 1992, les hausses réelles de volume publicitaire n'ont pas suffi à maintenir la part de publicité média détenue par les magazines.

La part de publicité média des magazines de grande diffusion est passée de 3,0 à 3,2 p. 100 au cours de la période de 30 ans, malgré un sommet de 4,99 p. 100 en 1984. Celle des magazines professionnels a fortement décliné, passant de 4,4 p. 100 en 1963 à 2,1 p. 100 en 1992. La part des magazines religieux et savants est passée de 0,36 à 1,06 p. 100 et celles des publications agricoles est tombée de 1,07 à 0,3 p. 100.

LA SITUATION EN 1992

Pour situer ces chiffres dans leur contexte, notons que la somme des dépenses de publicité média en 1992 a atteint 8,295 milliards de dollars. Elle a été partagée comme suit : magazines, 569 millions (6,8 p. 100); radio, 745 millions (9 p. 100); pages jaunes, 862 millions (10,4 p. 100); télévision, 1,736 milliard (20,9 p. 100); publicité directe par correspondance et catalogues, 1,82 milliard (21,9 p. 100); journaux, 1,9 milliard (22,9 p. 100).

PART DE MARCHÉ : COMPARAISON AVEC L'ÉTRANGER

Les divergences statistiques rendent la comparaison avec l'étranger difficile, et suspecte. Il reste utile de jeter un coup d'œil sur le marché de la publicité des États-Unis. Le tableau 13 révèle que si les magazines américains ont une plus grande part de la publicité média que les magazines canadiens pour ce qui est du marché intérieur, la tendance dans les deux pays est essentiellement la même.

TABLEAU 13

Part comparative des périodiques canadiens et américains

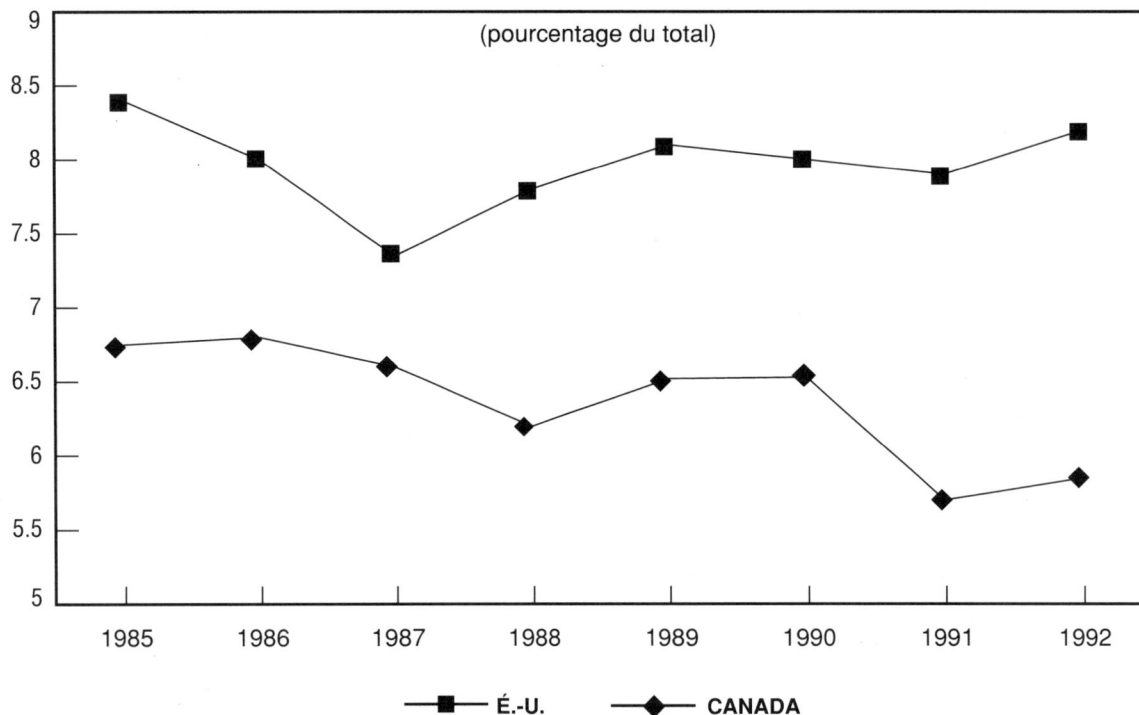

(pourcentage du total)

━■━ É.-U.   ━◆━ CANADA

Source : Bureau de télévision du Canada

Préparé par C. Leigh Anderson

Les variations relatives annuelles sont semblables dans les deux pays, reflétant la situation économique globale, sauf qu'elles sont légèrement plus prononcées au Canada. Les magazines des deux pays ont enregistré des baisses en 1991 et des hausses en 1992, par exemple, mais la baisse a été plus marquée et la hausse plus modeste au Canada. C'est en grande partie attribuable au fait que la récession a été plus sévère au Canada.

La différence exacte de la part du marché intérieur de publicité média des magazines américains et canadiens est difficile à mesurer. Une chose est claire : la part des magazines canadiens sera toujours légèrement inférieure à celle des magazines américains pour les trois raisons suivantes :

• au contraire du Canada, la loi américaine autorise la publicité du tabac dans les magazines; or, le tabac et les cigarettes sont la dixième source de revenus publicitaires des magazines américains;[12]

---

[12] *Advertising Age*, 9 juillet 1993. (*Advertising Age* est une publication hebdomadaire américaine spécialisée en marketing.)

- les journaux se substituent aux magazines davantage au Canada qu'aux États-Unis; il suffit à l'annonceur d'acheter de l'espace dans quelques journaux au Canada pour atteindre une grande proportion du public alors qu'il faudrait des centaines de journaux aux États-Unis pour arriver au même degré de pénétration;

- la publicité des magazines étrangers diffusés au Canada diminue peut-être l'achat d'espace publicitaire destiné au public canadien dans les magazines canadiens; la question du débordement de la publicité des magazines étrangers sur le marché canadien de la publicité est traitée plus en détail au chapitre IV.

Bref, la tendance affectant la part de marché est similaire dans les deux pays, mais les fluctuations annuelles de recettes publicitaires sont plus prononcées au Canada.

Si les magazines américains font le plein de leur part du marché intérieur de publicité média, on peut présumer que les magazines canadiens sont tout près d'en faire autant.

L'ANALYSE DES TENDANCES

Les tendances des 30 dernières années démontrent nettement que les autres médias ont une plus grande part de la publicité média que les magazines. Dans la meilleure hypothèse, la part de l'industrie canadienne des périodiques restera stable pour un avenir prévisible.

Or, d'autres facteurs jouent sur les recettes publicitaires des périodiques canadiens, notamment les décisions politiques, la récession, le progrès technologique et les nouveaux modes de publicité, et la soi-disant centralisation des décisions de certaines multinationales.

LES DÉCISIONS POLITIQUES

Il se peut que des décisions politiques aient affecté, directement ou indirectement, le marché de la publicité des magazines canadiens. Nous avons tenté de mesurer les effets des amendements à la *Loi de l'impôt sur le revenu* en 1965 et 1976, de l'introduction du code tarifaire 9958 en 1965, de l'interdiction de la publicité du tabac et des restrictions de la publicité des spiritueux en 1989, de l'Accord de libre-échange Canada-États-Unis en 1989, et de l'introduction de la taxe sur les produits et services en 1991.

Depuis l'entrée en vigueur du code tarifaire 9958 et de l'article 19 de la *Loi de l'impôt sur le revenu*, les magazines canadiens se sont multipliés et diversifiés. En 1959, avant l'introduction de ces deux mesures, les magazines canadiens représentaient 23,3 p. 100 des magazines diffusés au Canada; cette proportion est passée à 29,9 p. 100 en 1971 et à 39,4 p. 100 en 1981. En 1992, les magazines canadiens représentaient 67,6 p. 100 des magazines diffusés au Canada.

Les statistiques ne permettent pas de distinguer l'effet précis de ces décisions politiques sur les recettes publicitaires. Il faut toutefois faire exception de l'amendement de 1976 à la *Loi de l'impôt sur le revenu*, qui a supprimé les exemptions aux dispositions de l'article 19. Il a coïncidé avec une hausse sensible des recettes publicitaires des magazines canadiens, particulièrement dans la catégorie des magazines de grande diffusion (voir le tableau 14).

TABLEAU 14

Volume des recettes publicitaires des périodiques canadiens

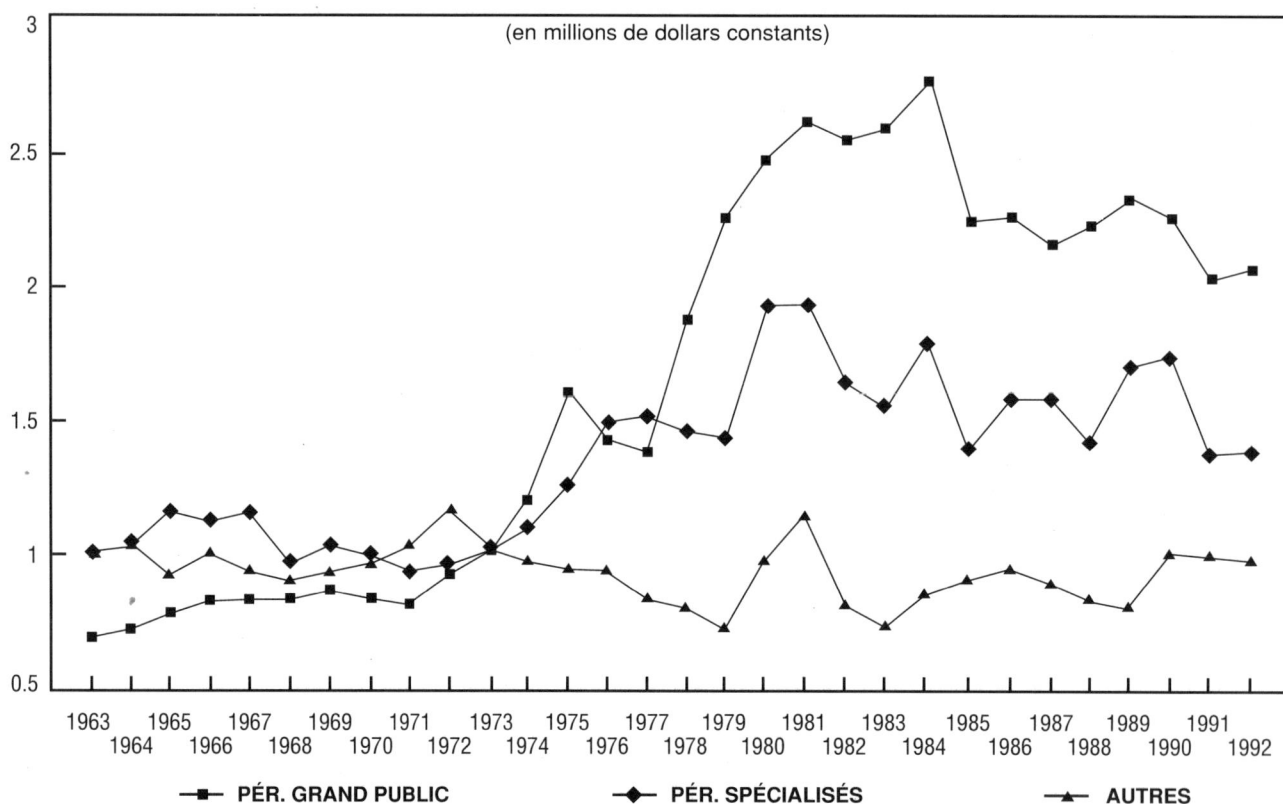

(en millions de dollars constants)

━■━ PÉR. GRAND PUBLIC   ━◆━ PÉR. SPÉCIALISÉS   ━▲━ AUTRES

Nota : « Autres » inclut des périodiques religieux, savants, agricoles et des suppléments.

Source : Bureau de télévision du Canada
Préparé par C. Leigh Anderson

Les mesures gouvernementales n'affectant qu'un média modifient souvent la position concurrentielle des autres médias. La décision, en 1992, du gouvernement du Québec d'autoriser l'affichage des spiritueux en est un exemple récent. À une époque où les budgets de publicité sont plutôt constants, on peut supposer que les distillateurs puiseront dans les fonds réservés aux magazines s'ils décident de favoriser l'affichage.

L'EFFET DE LA RÉCESSION

L'effet immédiat

Plus que tout autre facteur, la conjoncture économique semble influencer les recettes publicitaires des magazines. Les recettes ont décliné avec les récessions de 1981-1982 et de 1990-1991, et ont augmenté avec la reprise de 1983-1984.

Le ralentissement de l'activité économique affecte les recettes publicitaires de deux façons. D'abord, les ventes diminuent, entraînant une réduction des budgets de publicité, qui sont liés aux ventes. La plupart des annonceurs disent garder un rapport étroit entre le chiffre d'affaires et leur budget de publicité.

Puis, les magazines passent pour des objets de luxe aux yeux de la plupart des consommateurs. La radio et la télévision, déjà présentes dans la plupart des ménages, sont un divertissement moins coûteux en temps de récession. Les récessions occasionnent une baisse des ventes de magazines, qui se répercute sur les revenus de la diffusion et de la publicité liés au tirage.

Les achats de biens de consommation semi-durables et non durables (tels les magazines et beaucoup de produits qui y sont annoncés) sont un bon guide des fluctuations des recettes publicitaires des magazines.

Les effets à long terme

Le ralentissement de l'activité économique a aussi des effets plus durables sur les recettes publicitaires des magazines. Forcés de réviser les méthodes qu'ils emploient pour faire connaître leurs produits, les annonceurs prennent des décisions peut-être irréversibles.

Les consommateurs, en quête d'aubaines, délaissent les marques de commerce; les annonceurs réagissent en se détournant des magazines, surtout réputés pour leur efficacité dans la diffusion de l'image de marque, au profit de médias qui exercent un effet plus immédiat sur les ventes.

Les annonceurs recherchent des résultats immédiats; leur but est d'augmenter les ventes. Ils favorisent les médias qui leur permettent de modifier rapidement les messages qui ne semblent pas réussir. Les magazines, par nature, sont moins souples que les autres médias. Leurs délais (c.-à-d. l'intervalle entre la réception du matériel publicitaire et la livraison de son message au consommateur) sont plus longs. La tendance depuis quelques années est nettement d'abandonner les médias en faveur du marketing direct, qui évite l'intervention des intermédiaires et invite une réaction prompte. Les entreprises affectent aussi une plus grande part de leur budget de marketing à la promotion sur le lieu de vente et se détournent de la publicité en tant que telle.

Avec la chute des ventes et une gestion plus sévère des budgets de publicité, les annonceurs sont plus prudents et prêtent davantage attention au résultat des campagnes publicitaires. Ils revoient leurs budgets plus souvent qu'ils ne le faisaient il y a cinq ans et les alignent sur les ventes.

Ces tendances sont en grande partie inspirées par la récession. Mais pour rester concurrentielles dans un marché de plus en plus serré, les entreprises continueront vraisemblablement de fonctionner ainsi. La reprise économique ne modifiera probablement pas leurs pratiques.

LE PROGRÈS TECHNOLOGIQUE ET LA PUBLICITÉ

Le marketing individuel

Les entreprises peuvent aujourd'hui stocker et traiter une masse d'informations sur leur clientèle, ce qui leur permet d'optimiser le contact entre elles et les anciens clients, les clients actuels et les clients éventuels. Elles recherchent des supports publicitaires qui leur permettent d'exploiter de telles données pour cibler des consommateurs particuliers.

Cette tendance au marketing individuel risque d'affecter gravement tous les types de magazines. La presse professionnelle, déjà malmenée par la publicité par correspondance et les foires commerciales qui favorisent largement les bases de données des clients, est particulièrement vulnérable.

Nouvelles techniques d'imprimerie

Les nouvelles techniques d'imprimerie peuvent offrir aux magazines la possibilité de riposter au marketing individuel dans une certaine mesure en facilitant les tirages dédoublés plus réduits, destinés à des régions ou à des publics précis.

S'il leur est possible de mieux cibler leurs lecteurs, les magazines de grande diffusion peuvent adresser des publicités sur mesure à certains créneaux. Les revues professionnelles ne disposeraient pas d'un tel avantage puisque leur tirage est en général trop faible pour être segmenté.

L'autoroute électronique

Le Groupe de travail a recueilli des opinions contradictoires sur l'importance de l'« autoroute électronique » pour l'avenir de l'industrie des périodiques. Il est difficile de prévoir combien de magazines pourraient un jour être distribués par voie électronique. Quoi qu'il en soit, certains magazines sont déjà disponibles sur des réseaux informatisés.

L'informatisation des magazines soulève d'intéressantes questions sur le rôle de la publicité. D'une part, elle pourrait permettre à l'annonceur de cibler son client, peut-être par une publicité interactive. D'autre part, les consommateurs pourraient éviter les publicités et ne s'arrêter qu'à des articles particuliers, sautant des yeux les annonces publicitaires pendant qu'ils « parcourent les pages » affichées à l'écran.

On ne saurait prédire l'effet de l'autoroute électronique sur les recettes publicitaires des périodiques canadiens, mais il se fera sans doute sentir d'ici quelques années.

LES CENTRES DE DÉCISION

Le Groupe de travail a appris que de plus en plus d'annonceurs voient l'Amérique du Nord comme un seul marché, et arrêtent en conséquence leur stratégie et leurs budgets publicitaires.[13] Il s'ensuit que de plus en plus de décisions sont prises hors du Canada. Environ 15 p. 100 de la publicité des magazines de grande diffusion émane de l'extérieur du Canada, semble-t-il, et la tendance est à la hausse. On nous a aussi dit que la publicité doit tenir compte des particularités des marchés régionaux pour réussir. L'un et l'autre ne sont pas forcément contradictoires : on peut acheter à distance une publicité ciblant un auditoire régional, pourvu que la publicité en question convienne à l'auditoire-cible. Il n'est pas sûr que la tendance mènera à une baisse des recettes publicitaires des périodiques canadiens, mais c'est un risque.

---

[13] Il est intéressant de noter que dans un récent numéro de la revue *Advertising Age* (24 janvier 1994, p. S-7), un graphique intitulé « New Frontiers » inclut dans une même région l'Amérique latine, et dans une autre les États-Unis et le Canada.

Les revues professionnelles sont beaucoup plus touchées par ce phénomène. Selon l'éditeur d'une série de revues professionnelles, de 50 à 60 p. 100 des décisions publicitaires affectant la majorité des périodiques canadiens émanent de l'extérieur du Canada.

Dans la mesure où elle favorise les publications américaines, la tendance peut en s'accentuant nuire à l'industrie canadienne des périodiques.

CONCLUSION   La part de publicité média affectée aux magazines est assez stable depuis 30 ans, évoluant en rapport étroit avec les indicateurs économiques. Il est peu probable que cette tendance à long terme, confirmée à court terme de 1985 à 1992, soit renversée. La même tendance a été observée aux États-Unis. Si les magazines américains font le plein de leur part du marché intérieur de la publicité média, on peut présumer que les magazines canadiens en font autant.

Le Groupe de travail est persuadé, sur la foi de son analyse des tendances passées et actuelles du marché de la publicité, que :

- *la somme d'argent dépensée par les annonceurs pour atteindre le public canadien n'est pas susceptible d'augmenter;*

- *la part du marché canadien de la publicité média détenue par les périodiques n'est pas susceptible d'augmenter non plus.*

Il convient maintenant de considérer le contexte situationnel des périodiques canadiens avant de mesurer l'effet éventuel de l'entrée d'éditions à tirage dédoublé sur le marché canadien de la publicité. C'est le sujet que nous abordons au chapitre IV.

■ **CHAPITRE IV**

LE CONTEXTE SITUATIONNEL

INTRODUCTION

Les périodiques canadiens exploitent un marché autrement plus difficile que leurs équivalents de pays plus peuplés. Ce chapitre esquisse le contexte situationnel des magazines canadiens. Nous exposons dans les deux sections qui suivent les difficultés du marché canadien et l'aide que l'État fournit actuellement aux périodiques.

LES DIFFICULTÉS DU MARCHÉ

Le marché canadien comporte de multiples contraintes. Nous abordons dans cette section certaines de ces contraintes :

- la pénétration massive des magazines importés;

- la faiblesse relative de la population du Canada;

- l'inclination du public canadien pour les produits culturels de l'étranger, le cinéma et la télévision en particulier;

- l'effet du prix au numéro des magazines importés sur le prix des périodiques canadiens;

- la concurrence des magazines étrangers en kiosque;

- le débordement de la publicité des magazines étrangers sur le marché canadien;

- l'interdiction de la publicité du tabac au Canada.

LA PÉNÉTRATION DES MAGAZINES ÉTRANGERS

Le fait essentiel qui définit le marché au Canada et qui justifie l'intervention du gouvernement, c'est la pénétration massive des magazines étrangers dans le marché canadien.

Les publications canadiennes représentent 67,6 p. 100 des ventes annuelles de magazines au Canada. La part de marché des périodiques canadiens de langue anglaise est de 60,1 p. 100. Mais les éditeurs canadiens ne touchent que 25,5 p. 100 des revenus de tirage sur leur propre marché intérieur; le reste, soit 74,5 p. 100, est absorbé par les publications étrangères.[14]

Les magazines de grande diffusion de langue anglaise font face à une vive concurrence des magazines importés. D'autant que ceux-ci sont surtout américains et peuvent se substituer aux magazines canadiens. Les États-Unis sont omniprésents chez nous, par la

---

[14] Voir la note 10, p. 9.

télévision, le sport et le cinéma. Il n'est donc pas étonnant que les magazines américains intéressent les Canadiens. En fait, 78 p. 100 des exportations de magazines américains sont destinées au Canada. Le Canada importe annuellement 25 fois plus de magazines des États-Unis qu'il y en exporte.

Le tirage annuel des magazines étrangers de langue anglaise au Canada atteint 235 924 031 exemplaires, dont 233 416 022 (soit 99 p. 100) proviennent des États-Unis. Les magazines étrangers représentent 50,4 p. 100 des magazines de grande diffusion de langue anglaise distribués au Canada sur abonnement et en kiosque; et 81,4 p. 100 en kiosque.

Les périodiques canadiens de langue française détiennent une bien plus grande part de leur marché intérieur, soit environ 95 p. 100. On soupçonne qu'ils subissent une forte concurrence des magazines étrangers et des magazines canadiens de langue anglaise, à la fois pour la publicité et pour les lecteurs, mais il est très difficile d'en mesurer l'effet.

L'ampleur de la pénétration des magazines étrangers a un effet important sur le marché des magazines canadiens de langue anglaise, qui cherchent à en conserver une part.

LA TAILLE DU MARCHÉ CANADIEN

Un potentiel de tirage limité

Le marché canadien est restreint. Le potentiel de lecteurs n'est que le dixième environ de celui des magazines américains. La population du Canada est partagée en deux grands groupes linguistiques, réduisant encore le potentiel de tirage des magazines unilingues.

Ce petit marché est convoité non seulement par les 1 440 magazines canadiens, mais aussi par au moins 500 magazines étrangers. Des 50 magazines de langue anglaise avec le plus grand tirage au Canada, 21 sont importés des États-Unis. En revanche, nos recherches indiquent que les magazines américains ont très peu de concurrence des magazines importés dans leur marché intérieur.

L'exiguïté du marché canadien limite considérablement le potentiel de tirage des périodiques canadiens. Puisque du tirage dépendent les revenus de diffusion et de publicité, comme on a vu au chapitre II, la taille du marché est un problème réel pour les éditeurs canadiens et limite leur capacité de produire des magazines concurrentiels.

La concurrence des journaux

Le nombre et la distribution de la population canadienne affectent aussi le potentiel de recettes publicitaires des périodiques canadiens. Comme nous l'avons vu au chapitre III, les journaux sont de bons substituts aux magazines comme supports publicitaires pour qui cherche à rejoindre un grand nombre de Canadiens. Il suffit à l'annonceur d'acheter de l'espace publicitaire dans un petit nombre de quotidiens pour atteindre presque toute la population du Canada.

Encore une fois, ce n'est pas le cas aux États-Unis où la population est beaucoup plus nombreuse et mieux distribuée sur le territoire. Pour rejoindre la masse de la population par la voie des journaux, il faudrait acheter de l'espace dans des douzaines de quotidiens. La complexité et le coût d'une telle opération la rendent beaucoup moins viable qu'au Canada. Les magazines américains ne subissent donc pas une concurrence aussi vive des journaux comme supports publicitaires.

LE CINÉMA ET LA TÉLÉVISION DE L'ÉTRANGER AU CANADA

Le cinéma et la télévision de l'étranger, surtout des États-Unis, font partie intégrante de l'univers culturel des Canadiens. Les Canadiens regardent des films étrangers au cinéma et à la maison (la part de marché du cinéma commercial canadien n'est en effet que de 6,4 p. 100). Par câble ou ondes hertziennes, les Canadiens ont presque tous accès aux programmes et aux sports américains à la télévision. La culture populaire américaine fait donc partie de la vie quotidienne des Canadiens.

La culture canadienne n'est tout simplement pas accessible aux Américains de la même façon. Il s'ensuit que le contenu des magazines américains intéresse généralement les Canadiens tandis que les magazines canadiens ne peuvent espérer trouver une audience importante aux États-Unis.

La télévision a un autre effet sur les périodiques. De plus en plus de grands magazines y achètent de l'espace publicitaire pour recruter des abonnés et augmenter leur tirage. Puisque la télévision étrangère pénètre au Canada, les Canadiens sont sollicités par les magazines étrangers. Très peu de magazines canadiens ont les moyens de mener des campagnes publicitaires à la télévision.

LA PRESSION SUR LES PRIX

Massivement présents sur le marché canadien, les magazines étrangers influencent aussi le prix des magazines canadiens.

Nos recherches indiquent que l'apparence et l'épaisseur des magazines se répercutent sur le prix demandé en kiosque. La proportion de texte rédactionnel détermine le prix que les consommateurs sont disposés à payer. Pour un coût plus faible à l'unité, l'éditeur étranger s'appuyant sur un grand tirage, et disposant par conséquent de revenus de diffusion et de publicité plus élevés, peut produire un magazine plus attrayant que son homologue canadien. Le prix du magazine étranger au numéro affecte la valeur que le consommateur canadien prête au magazine canadien. Il en résulte une pression sur le prix au numéro et sur le prix d'abonnement que les lecteurs sont disposés à payer pour les magazines canadiens.

LES VENTES EN KIOSQUE

Le tableau est cohérent. Seuls les magazines canadiens à très grand tirage sont distribués en kiosque. Plus de 81 p. 100 des magazines de langue anglaise distribués en kiosque sont importés, surtout des États-Unis. On pourrait excuser les Canadiens de ne pas savoir qu'il existe une grande variété d'excellents magazines canadiens.

La diffusion en kiosque est utile pour stimuler les abonnements. Comme on a vu au chapitre II, les coupons d'abonnement insérés dans les exemplaires vendus en kiosque sont l'une des formes les plus efficaces de sollicitation d'abonnements. La proportion de nouveaux abonnés qui deviennent abonnés réguliers est en moyenne de 40 à 45 p. 100. Chez ceux qui utilisent les coupons d'abonnement, le « taux de conversion » est de 60 à 65 p. 100. C'est cependant un bassin de population que les périodiques canadiens ont beaucoup plus de mal à atteindre puisqu'ils sont peu distribués en kiosque.

En plus du mal qu'ils éprouvent à se négocier un espace dans les kiosques, les magazines canadiens s'y heurtent à des prix qui défient la concurrence. Par exemple, le prix au numéro des magazines américains dans les kiosques canadiens est souvent le même que celui pratiqué aux États-Unis. Au taux de change actuel, c'est donc un prix inférieur à celui qu'exigent les magazines américains sur leur marché intérieur.

LE DÉBORDEMENT DE LA PUBLICITÉ DES MAGAZINES ÉTRANGERS

Le phénomène de débordement de la publicité étrangère sur le marché canadien a été abordé brièvement au chapitre précédent. Il fait référence aux retombées de la publicité de produits et de services disponibles en Amérique du Nord dans les magazines étrangers diffusés au Canada.

Cette publicité limite-t-elle la demande d'espace publicitaire destiné expressément au public canadien? Oui, répondent en chœur presque tous les éditeurs de périodiques canadiens. Les agences de publicité sont aussi d'avis que le débordement de la publicité étrangère influence les décisions des annonceurs. Mais les annonceurs des sociétés multinationales établies au Canada ne croient pas qu'elle influence leurs décisions.

Le phénomène devrait toucher en particulier les filiales canadiennes de sociétés multinationales. Nous avons examiné 30 magazines étrangers de grande diffusion disponibles au Canada afin de déterminer la proportion de leurs annonceurs possédant des filiales canadiennes. Dans 15 des 30 magazines, la proportion d'annonceurs disposant de filiales canadiennes variait de 0 à 25 p. 100; dans 13 autres, elle variait de 25 à 50 p. 100; et, dans les deux derniers, elle était de 50 à 75 p. 100. Nous avons noté les mêmes proportions dans la presse professionnelle.

Il est significatif que l'Audit Bureau of Circulation vérifie la diffusion en kiosque et par abonnement d'environ 500 magazines américains au Canada. Récemment, la première société de sondage des lecteurs de magazines aux États-Unis, Mediamark Research Inc., de New York, a procédé à une étude-pilote des magazines, des autres médias et des habitudes de consommation à Toronto, et elle compte entreprendre un sondage embrassant tout le Canada à la fin de 1995 ou au début de 1996. L'étude a porté sur les magazines canadiens et américains diffusés à plus de 30 000 exemplaires en Ontario. Si les entreprises ne tenaient pas compte du tirage canadien des magazines américains dans leur stratégie de publicité, donc des retombées de la publicité achetée dans les magazines américains, il n'y aurait pas de raisons de mesurer la diffusion canadienne de ces publications.

Le Groupe de travail n'a pu mesurer avec précision l'ampleur du phénomène de débordement, mais il a peu de doute qu'il existe. Déjà, au début des années 1960, la Commission O'Leary s'est largement intéressée au problème.[15] Nous croyons que le phénomène peut aller en s'aggravant, restreignant davantage encore les sources de recettes publicitaires des magazines canadiens.

LA PUBLICITÉ DU TABAC

Enfin, le marché canadien de la publicité est soumis à des restrictions légales, ce qui n'est pas le cas pour le marché américain. La *Loi sur le contrôle des produits du tabac* de 1989 interdit la publicité des cigarettes et des produits du tabac au Canada. Or, la catégorie « cigarettes, tabac et produits connexes » est la dixième source de publicité des magazines américains; elle a généré des recettes de près de 224 millions de dollars en 1992.

---

[15] *op. cit.*

MESURES D'AIDE ACTUELLES

Depuis 1965, deux mesures législatives sont en vigueur qui tendent à assurer aux magazines canadiens une part adéquate des recettes de la publicité destinée au public canadien de manière qu'ils puissent continuer à faire partie de l'éventail de magazines proposés aux Canadiens.

L'ARTICLE 19 DE LA *LOI DE L'IMPÔT SUR LE REVENU*

L'article 19 de la *Loi de l'impôt sur le revenu* stipule que, pour avoir droit de déduire ses frais de publicité magazine destinée au public canadien, le contribuable doit annoncer dans un magazine de propriété canadienne pour au moins 75 p. 100 et dont le contenu rédactionnel diffère pour au moins 80 p. 100 de celui d'un autre magazine.

Dans le cours de nos travaux, les représentants de périodiques et d'agences de publicité nous ont dit que l'article 19 avait perdu beaucoup de son efficacité initiale. Des 17 annonceurs que nous avons interrogés, 14 nous ont dit que les dispositions de la *Loi de l'impôt sur le revenu* n'influençaient pas leurs décisions d'achat d'espace publicitaire.

Les éditeurs étrangers peuvent publier à très peu de frais des éditions canadiennes renfermant des annonces publicitaires destinées au public canadien. Contrairement à leurs homologues canadiens, ils n'ont pas besoin des recettes de la publicité canadienne pour couvrir leurs frais fixes. Ils peuvent donc consentir des abattements considérables sur leur tarif publicitaire et faire quand même des affaires profitables au Canada. Leur tarif peut compenser la perte de déductibilité de l'annonceur en vertu de l'article 19. *Sports Illustrated*, par exemple, offre une pleine page d'annonce en quatre couleurs dans son édition canadienne pour 6 250 $, environ la moitié du tarif de la même annonce dans une édition régionale de tirage équivalent aux États-Unis.[16] Le Groupe de travail s'est fait dire que cela constituait un dumping de matière rédactionnelle sur le marché canadien.

---

[16] La table de tarifs des éditions régionales de *Sports Illustrated* est la suivante (en dollars canadiens, à un taux de 1,26 $) :

Édition	Tirage	Page	Coût/mille (CPM)
Canada	125 000	6 250 $	50 $
Philadelphie	134 000	13 487 $	101 $
San Francisco	142 000	14 035 $	99 $
Nlle-Angleterre	188 086	18 688 $	99 $
Floride	118 000	12 392 $	105 $

Source : Tarifs des éditions régionales des États-Unis de S.R.D.S., novembre 1992
*Tarifs de l'édition canadienne de **Sports Illustrated Canada**, 1993.*

CODE TARIFAIRE 9958 DU TARIF DES DOUANES

Le code tarifaire 9958 interdit l'entrée au Canada de deux types de magazines :

- les éditions spéciales, c.-à-d. les éditions régionales ou à tirage dédoublé, d'un périodique contenant une annonce destinée d'abord au marché canadien et qui n'apparaît pas dans la même forme dans toutes les éditions du numéro de ce périodique diffusé dans le pays d'origine; et

- les numéros d'un périodique dans lesquels plus de 5 p. 100 de l'espace publicitaire est occupé par des annonces destinées principalement au public canadien.

Pendant plus de 30 ans, le code tarifaire a atteint son but, qui était d'assurer aux périodiques canadiens une part adéquate des recettes provenant de la publicité destinée au public canadien. Toutefois, le lancement d'une édition canadienne de *Sports Illustrated* a démontré que des éditions à tirage dédoublé peuvent être imprimées au Canada et contourner ainsi l'application du code tarifaire 9958 du Tarif des douanes.

LES TARIFS POSTAUX PRÉFÉRENTIELS

Les tarifs postaux préférentiels accordés aux périodiques canadiens sont en vigueur depuis le début du siècle. Ils ont été institués pour le bénéfice des Canadiens, afin de leur garantir l'accès à des magazines canadiens à prix abordable, indépendamment de leur lieu de résidence au Canada.

Les tarifs préférentiels ne sont accordés qu'aux magazines à diffusion payée. Bien que le montant global de la subvention ait beaucoup diminué depuis la fin des années 1980, sa valeur reste la même pour les magazines qui la reçoivent. Elle constitue toujours un avantage important pour les lecteurs de magazines canadiens.

LES SUBVENTIONS

Le Conseil des arts du Canada offre des subventions pour la publication, la traduction et la promotion des périodiques. En 1992-1993, la somme de ces subventions a atteint environ 2,25 millions de dollars. En outre, d'autres institutions fédérales prodiguent une aide financière à des publications spécialisées. Les gouvernements provinciaux et municipaux offrent aussi de l'aide financière.

CONCLUSION Le contexte décrit dans ce chapitre montre que les éditeurs de périodiques canadiens ont de véritables difficultés à produire des magazines d'apparence et de prix qui supportent la concurrence des magazines importés sur le marché canadien. Certaines de ces difficultés, telles la taille et la distribution de la population canadienne, sont irrémédiables. D'autres ne pourraient être corrigées qu'à un prix que les Canadiens, à juste titre, ne sont pas disposés à payer.

La caractéristique dominante du marché canadien des périodiques, c'est la pénétration des magazines importés. Le Canada pourrait en théorie fermer ses frontières aux magazines étrangers. Mais telle solution serait contraire aux valeurs les plus fondamentales de la société canadienne et ne saurait être envisagée. L'attachement à la liberté de parole et le vif intérêt pour l'étranger sont des traits déterminants de la culture canadienne.

Les autres contraintes du marché des périodiques découlent de la présence massive de magazines importés : pression sur les prix, inondation des kiosques et débordement de la publicité sur le marché canadien.

La seule hypothèque qui pourrait être levée, c'est l'interdiction de la publicité du tabac et des cigarettes. Mais il n'est ni probable ni souhaitable qu'elle le soit, de l'avis du Groupe de travail.

Il n'y a donc pas grand-chose que le gouvernement fédéral puisse faire directement pour soulager le marché des périodiques canadiens des difficultés qui l'affligent.

Les mesures législatives adoptées par le gouvernement dans les années 1960 ont permis à l'industrie canadienne de prospérer et d'atteindre son niveau de développement actuel en assurant les périodiques d'un volume adéquat de recettes publicitaires du marché canadien. Les tarifs postaux préférentiels ont aussi bénéficié aux lecteurs et aux éditeurs canadiens en comblant une partie des frais de diffusion des magazines aux abonnés. Certains magazines bénéficient d'une aide supplémentaire de l'État pour joindre les deux bouts.

Ces mesures ne corrigent pas les problèmes structurels du marché, mais elles les pallient. Il faut maintenant se poser la question de savoir si les éditions à tirage dédoublé peuvent compromettre cet équilibre précaire.

CHAPITRE V

L'EFFET ÉVENTUEL DES ÉDITIONS À TIRAGE DÉDOUBLÉ

INTRODUCTION

Dans le milieu des affaires, le succès d'un précurseur entraîne des imitations. Il serait irréaliste de prétendre que le lancement de l'édition canadienne de *Sports Illustrated* n'a rien changé à la situation du marché des périodiques. Elle signale qu'il est désormais possible pour des magazines non canadiens de s'établir sur le marché canadien de la publicité malgré les mesures en vigueur depuis 1965 pour les en empêcher. D'autres éditeurs envisagent déjà la possibilité de lancer des éditions à tirage dédoublé au Canada.

Le Groupe de travail a commandé des recherches pour voir ce qu'il adviendrait si les mesures actuelles n'étaient pas révisées conformément à leur objectif initial. L'analyse qui suit est forcément un exercice de voyance. Nous avons tenté d'évaluer le risque que courrait l'industrie canadienne des périodiques si rien n'était fait maintenant. Il serait peut-être désastreux d'attendre que les éditions à tirage dédoublé aient causé du mal au marché canadien avant de réagir. Une fois que les Canadiens auront perdu la variété et la largeur d'horizon que leur offrent leurs magazines, ils ne les retrouveront probablement jamais.

L'AFFLUENCE AU GUICHET

L'éditeur étranger pèsera quantité de facteurs avant de suivre l'exemple de *Sports Illustrated* et de lancer une édition régionale canadienne de son magazine renfermant des annonces publicitaires destinées au public canadien.

La motivation, comme dans toute entreprise, c'est le profit. Si l'éditeur peut augmenter son bénéfice en exploitant le marché canadien de la publicité, il y a de bonnes chances qu'il le fera. Il lui suffira pour réaliser un bénéfice que les recettes de la publicité de l'édition régionale dépassent ses frais marginaux. C'est une perspective alléchante pour un magazine dont les frais fixes sont déjà couverts sur le marché intérieur et qui a déjà des frais de diffusion au Canada.

Les progrès de la transmission électronique de données et de l'imprimerie informatisée permettent de produire à bon marché des éditions régionales de haute tenue. Pour un magazine de grande diffusion qui a déjà des lecteurs au Canada, la possibilité d'imprimer sur place augmente l'intérêt d'une édition canadienne.

La plupart des périodiques professionnels canadiens ont de même des concurrents étrangers qui pourraient aisément publier des éditions à tirage dédoublé pour le Canada.

Pour évaluer l'effet éventuel d'éditions régionales canadiennes de magazines étrangers sur les recettes publicitaires des périodiques canadiens, le Groupe de travail a considéré plusieurs éléments, notamment :

- le nombre de magazines étrangers susceptibles de pénétrer le marché canadien en quête de recettes publicitaires;

- la proportion de magazines étrangers qui pourraient effectivement lancer des éditions canadiennes;

- la moyenne des pages de publicité de ces éditions à tirage dédoublé;

- la proportion d'espace publicitaire que pourraient offrir ces éditions.

L'analyse porte sur les magazines de grande diffusion et professionnels de langue anglaise puisque ce sont les plus exposés aux éditions à tirage dédoublé de magazines étrangers. Les hypothèses sont fondées sur une période théorique de cinq ans, suffisamment longue pour une normalisation de la situation.

Il convient de noter au préalable que les décisions d'affaires ne se fondent pas que sur des promesses. L'analyse qui suit n'a aucun but alarmiste. Elle n'est qu'une hypothèse de ce qui pourrait survenir si l'exemple de *Sports Illustrated* était interprété par d'autres éditeurs étrangers comme indiquant que le marché canadien offre des possibilités d'expansion. Conjecturer n'équivaut pas à signaler des occasions d'affaires qui brûlent d'être exploitées. Nos projections servent à démontrer comment l'industrie canadienne des périodiques pourrait être affectée par le lancement d'autres éditions canadiennes de magazines étrangers.

LES MAGAZINES DE GRANDE DIFFUSION

Quarante-quatre magazines étrangers grand public de langue anglaise ont un tirage de plus de 50 000 exemplaires au Canada. Au moins 65 autres ont un tirage de 20 000 à 50 000, et 371 ont une diffusion payée inférieure à 20 000 exemplaires. Nos recherches indiquent qu'au moins 53 de ces magazines de grande diffusion pourraient éventuellement pénétrer le marché canadien de la publicité.[17]

---

[17] Le nombre de candidats éventuels peut varier de 20 à 120. La probabilité de leur entrée sur le marché varie cependant de forte à presque nulle en rapport inverse du nombre de candidats.

La plupart des magazines étrangers de langue anglaise dont le tirage dépasse 20 000 exemplaires sont vraisemblablement expédiés en gros pour diffusion au Canada actuellement. Les frais marginaux qu'il leur faudrait soutenir pour une édition canadienne sont la différence des coûts d'impression entre le Canada et l'étranger et les frais de vente de la publicité canadienne. On en déduit que 70 p. 100 des candidats éventuels s'établiraient sur le marché canadien.[18]

Il est raisonnable de supposer que l'espace publicitaire disponible dans chaque magazine serait de 1 000 pages par an, à 200 près. L'estimation pour les magazines étrangers de langue anglaise est fondée sur l'espace publicitaire moyen des 50 premiers magazines américains, qui est légèrement inférieur à 2 000 pages par an.

Quelle quantité d'espace les éditions à tirage dédoublé réussiraient-elles à vendre? Avec l'arrivée des éditions régionales canadiennes, l'offre d'espace publicitaire sur le marché canadien serait passablement forte. Les premières pages se vendraient sans doute assez bien, d'autant que les magazines étrangers les offriraient à meilleur marché que les tarifs aujourd'hui pratiqués sur le marché canadien,[19] mais l'espace ne serait pas entièrement vendu. Il le serait vraisemblablement dans une proportion d'environ 70 p. 100, à l'intérieur d'une fourchette de 55 à 90 p. 100.

L'addition des quatre facteurs[20] donne la somme de l'espace publicitaire des éditions canadiennes de magazines étrangers qui serait écoulé sur le marché canadien, soit 26 133 pages. En 1991, le nombre total de pages de publicité des magazines de langue anglaise du Groupe II était de 70 548.

Évidemment, les magazines canadiens ne perdraient pas tous 37 p. 100 de leur publicité puisqu'ils ne seraient pas affectés également. Mais si la somme des dépenses de publicité magazine n'est pas susceptible d'augmenter, comme nous disions au chapitre III, l'ensemble des magazines canadiens grand public risquerait de perdre 37 p. 100 de ses recettes publicitaires actuelles.

---

[18] Le pourcentage d'équiprobabilité varie de 60 à 80 p. 100.

[19] Les magazines pourraient offrir des tarifs plus bas dans leurs éditions canadiennes parce qu'ils n'auraient pas, comme les éditeurs canadiens, à encourir des frais de rédaction sur le marché canadien.

[20] Soit le nombre éventuel d'éditions à tirage alterné (53,33) multiplié par le pourcentage réel (70 p. 100) multiplié par le nombre de pages de publicité disponibles dans chaque édition (1 000) multiplié par le pourcentage d'espace qui serait vendu (70 p. 100).

LES REVUES PROFESSIONNELLES

Selon les deux études commandées par le Groupe de travail, les revues professionnelles de langue anglaise seraient les plus vulnérables à la concurrence des éditions à tirage dédoublé de magazines étrangers. L'analyse qui suit montre ce qui surviendrait dans ce secteur si rien n'est fait pour le prévenir.

Au moins 70, et peut-être jusqu'à 220, magazines étrangers de langue anglaise pourraient s'introduire sur le marché canadien des revues professionnelles par le biais d'éditions à tirage dédoublé. Le chiffre le plus probable serait de 120.

Les éditions régionales canadiennes de magazines professionnels étrangers seraient rentables et auraient un taux de rendement élevé. Il est probable que 90 p. 100 des candidats éventuels de langue anglaise, dans une fourchette de 80 à 100 p. 100, feraient effectivement leur entrée sur le marché.

Chaque édition à tirage dédoublé ajouterait éventuellement 250 pages de publicité par an au marché canadien. C'est légèrement moins que la moyenne annuelle des pages de publicité des magazines du Groupe I en 1991 (262 pages) parce que le groupe comprend quelques magazines grand public à diffusion gratuite contrôlée.

Les revues étrangères auraient peu de mal à écouler leur espace publicitaire, pense-t-on. Environ la moitié des entreprises qui annoncent actuellement dans les revues professionnelles canadiennes ont leur siège aux États-Unis. Les revues américaines solliciteraient les mêmes annonceurs, avec qui elles entretiennent sans doute déjà des relations. L'espace publicitaire, prévoit-on, serait vendu à 80 p. 100, dans une fourchette de 70 à 90 p. 100.

L'addition de ces quatre facteurs produit une somme de 21 600 nouvelles pages de publicité vendues sur le marché canadien par les éditions canadiennes de revues professionnelles étrangères. Les magazines canadiens vendent actuellement environ 55 000 pages de publicité par an. C'est donc 39 p. 100 de leur marché qui pourrait leur être soustrait.

Si les éditions à tirage dédoublé de revues étrangères ne vendaient que 45 p. 100, au lieu de 90 p. 100, de leur espace publicitaire, cela équivaudrait encore à 19 p. 100 du marché canadien, une part que les publications professionnelles canadiennes ne pourraient se permettre de perdre sans tomber en déficit.

L'EFFET SUR LES MAGAZINES CANADIENS

Le premier effet de l'introduction d'éditions régionales canadiennes de magazines étrangers sur le marché canadien de la publicité serait la perte de pages de publicité dans les publications canadiennes offrant aux annonceurs un marché de même segmentation démographique. Le second effet serait une perte de tirage puisque les magazines étrangers feraient porter leurs efforts sur la hausse de leur tirage canadien pour générer des recettes publicitaires.

L'état de résultats d'exploitation pro forma ci-dessous fait voir l'effet de cette double secousse, c.-à-d. la perte de recettes publicitaires dans un premier temps et de revenus de tirage dans un deuxième temps, sur une période de trois ans. Le modèle est inspiré de l'état réel des produits et charges d'exploitations de l'un des magazines de grande diffusion les plus prospères au Canada, maquillé par un facteur constant pour préserver son identité.

Le premier effet, c'est-à-dire la perte de pages de publicité, entraîne une baisse proportionnelle de recettes publicitaires. Le tableau 15 reflète une baisse de 40 p. 100. La perte de revenus est en partie compensée par une baisse des frais variables, mais les frais fixes sont inchangés. La diminution de 40 p. 100 des pages de publicité a pour résultat net de réduire le bénéfice de 61 p. 100 et de couper la marge bénéficiaire de 10,84 points.

TABLEAU 15

Effet I : Perte de 40 % des recettes publicitaires

	Cas type (000 $)	Effet (en %)	−40 % de publicité (000 $)
REVENUS			
Abonnements	2 393		2 393
Ventes à l'exemplaire	1 167		1 167
Publicité	6 416	−40,00	3 846
Autres revenus	24		24
Total des revenus	**10 000**	**−25,66**	**7 434**
DÉPENSES			
Tirage	837		837
Production	3 271	−29,64	2 301
Publicité	524	−40,00	314
Rédaction	942		942
Administration	2 159		2 159
Total des dépenses	**7 733**	**−15,25**	**6 554**
Bénéfice d'exploitation	**2 267**		**880**
Bénéfice d'exploitation en pourcentage des recettes	**22,67 %**		**11,83 %**

Nota : Certaines catégories de coûts ne sont pas comparables à celles des autres tableaux.

Source : Informetrica Ltd.

TABLEAU 16

Effet II : Perte de 20 % des revenus de tirage

	Cas type (000 $)	Effet (en %)	−20 % de tirage (000 $)
REVENUS			
Abonnements	2 393	−20,00	1 914
Ventes à l'exemplaire	1 167	−10,00	1 051
Publicité	3 849	−6,00	3 618
Autres revenus	24	−14,80	21
Total des recettes	**7 434**	**−11,16**	**6 604**
DÉPENSES			
Tirage	837	−10,00	753
Production	2 301	−8,00	2 117
Publicité	314	−6,32	295
Rédaction	942		942
Administration	2 159		2 159
Total des dépenses	**6 554**	**−4,39**	**6 266**
Bénéfice d'exploitation	**880**		**338**
Bénéfice d'exploitation en pourcentage des recettes	**11,83 %**		**5,11 %**

Nota : Certaines catégories de coûts ne sont pas comparables à celles des autres tableaux.

Source : Informetrica Ltd.

Le second effet (tableau 16), c'est-à-dire la perte de tirage, est mesuré en fonction du premier. La perte de tirage entraîne une baisse de 20 p. 100 des revenus d'abonnement et de 10 p. 100 des ventes en kiosque. Les locations de fichiers[21] diminuent, de même que les recettes publicitaires. Les revenus diminuent de 11,2 p. 100 et les dépenses de 4,4 p. 100. Le bénéfice d'exploitation subit une chute de 61,5 p. 100 et la marge bénéficiaire perd encore 6,7 points.

L'effet combiné de la perte de pages de publicité et de tirage entraîne une réduction de 85 p. 100 du bénéfice d'exploitation. Le magazine n'est plus que marginalement rentable (passant d'un bénéfice de 22,7 p. 100 à 5,1 p. 100). Au mieux, le magazine pourrait riposter en réduisant son tarif, son prix au numéro, sa matière rédactionnelle en rapport avec la diminution de la publicité, ses frais de promotion et ses frais de vente de publicité. Il ne récupérerait encore qu'environ 28 p. 100 de la perte de bénéfice. Le bénéfice serait réduit de 60 p. 100 au lieu de 85 p. 100.

---

[21] La location de fichier est un accord par lequel le propriétaire d'un fichier fournit une liste de noms et adresses à l'expéditeur d'un document, qui ne peut l'utiliser que pour un seul envoi — sauf s'il en a été spécifié autrement —, moyennant un prix convenu.

Ce genre de riposte laisse cependant beaucoup à désirer du point de vue du développement culturel. Le magazine toucherait moins de lecteurs canadiens et leur offrirait moins de texte rédactionnel.

Peu de magazines canadiens pourraient résister à une telle secousse. Toutes choses égales d'ailleurs, 94 p. 100 des magazines actuellement rentables ne le seraient plus s'ils perdaient 40 p. 100 de leurs recettes publicitaires. Les magazines canadiens rentables qui tirent au moins 50 p. 100 de leur revenu de la publicité ne pourraient perdre que 17 p. 100 de leurs recettes publicitaires avant de tomber au point mort.

Si les magazines étrangers s'introduisaient sur le marché canadien par le biais d'éditions à tirage dédoublé suivant l'hypothèse développée dans ce chapitre, les magazines canadiens réagiraient diversement.

Les uns fermeraient carrément leurs portes.

D'autres tenteraient d'ajuster leurs tarifs à la baisse pour concurrencer les nouveaux venus. Mais pour compenser la perte de recettes publicitaires, ils seraient forcés de réduire également leur budget de rédaction. Le nombre de pages de texte diminuerait, entraînant une baisse de tirage parce que le public y verrait une perte de qualité. Le résultat serait évident : une spirale vers le bas.

Les conséquences seraient encore plus tragiques, et plus subites, pour les revues professionnelles, qui dépendent beaucoup plus des recettes de la publicité.

CONCLUSION La viabilité de l'industrie canadienne des périodiques serait nettement compromise si l'hypothèse avancée par le Groupe de travail se concrétisait. Les deux études commandées par le Groupe de travail ont abordé le problème des éditions à tirage dédoublé de magazines étrangers sous des angles différents, mais ont abouti à la même conclusion : l'industrie canadienne des périodiques serait gravement affectée et son apport à la communication et au développement culturel du Canada serait amoindri.

Même si son analyse repose forcément sur des hypothèses, le Groupe de travail en conclut que la menace exposée dans ce chapitre est réelle.

■ CHAPITRE VI

LE JUSTE MILIEU ENTRE LE LIBRE-ÉCHANGE ET LE DÉVELOPPEMENT CULTUREL

INTRODUCTION

Le Canada est directement intéressé à un régime douanier stable et ouvert. Avec la mondialisation de l'économie qu'entraîne la libéralisation des échanges, nous nous distinguons surtout par notre culture.

Le gouvernement du Canada doit donc continuer de favoriser le développement culturel et trouver le juste milieu entre la libéralisation du commerce international et la préservation de notre identité, deux objectifs parfois contradictoires.

Si nous tenons à la nation et au peuple que nous sommes, il nous faut avoir accès à des produits culturels qui reflètent notre société et notre point de vue. Et pour cela, il faut que nos industries culturelles restent solides.

UNE NATION COMMERÇANTE

Le Canada est une nation commerçante. Nos exportations représentent plus de 30 p. 100 de notre revenu et plus de trois millions d'emplois. Que les marchés soient ouverts ou fermés, et qu'il y ait ou non des droits de douane, des contingentements et des restrictions, les exportations affectent l'emploi dans tous les secteurs de l'économie. Aussi le Canada est-il depuis la Deuxième Guerre mondiale au premier rang des nations qui favorisent la libéralisation des échanges afin de créer un marché équitable pour ses produits, ses services et ses investissements. D'autres pays, parmi lesquels tous nos grands partenaires commerciaux, ont avalisé cette tendance par une série de traités et d'accords qui règlent, ordonnent et fixent le commerce international.

Deux accords intervenus depuis un an reflètent la tendance à l'intégration de l'économie mondiale et devraient donner au Canada meilleur accès au marché international. L'Accord de libre-échange nord-américain (ALENA) entre le Canada, les États-Unis et le Mexique est entré en vigueur le 1er janvier 1994. Le Canada a aussi contribué en fin de 1993 au succès des négociations multilatérales de l'*Uruguay Round*, qui libéralisent sensiblement les échanges sous les auspices de la future Organization mondiale du commerce, chapeautant l'Accord général sur les tarifs douaniers et le commerce (GATT) et les autres accords commerciaux sectoriels. Les deux accords sont censés ouvrir à l'industrie canadienne de nouveaux débouchés. Ils établissent des mécanismes de règlement des différends qui assureront plus de sécurité et d'équité dans l'application des règles du commerce.

Le Canada a toujours cherché à concilier la libéralisation des échanges avec la préservation de l'identité canadienne, telle qu'exprimée par la vaste gamme de produits de nos industries culturelles. Le statut particulier des industries culturelles est reconnu par l'Accord de libre-échange Canada-États-Unis (ALE) et l'ALENA. Le gouvernement est autorisé à adopter des mesures de promotion de ces industries, mesures autrement incompatibles avec les accords. Le Groupe de travail, comme on le verra au Chapitre VII, recommande des mesures qui sont en accord avec les obligations internationales du Canada et n'exigent pas, selon nous, d'invoquer le statut particulier des industries culturelles admis par les accords de libre-échange.

UNE SOCIÉTÉ OUVERTE

L'adhésion du Canada à un régime international d'échanges et de marchés libres est démontrée par son ouverture aux produits culturels étrangers. Les cinémas, les écrans de télévision, les magasins de disques, les librairies et les kiosques à journaux témoignent d'une ouverture plus grande au Canada que dans tout autre pays au monde.

Les chiffres de Statistique Canada montrent à quel point le marché canadien est dominé par la production étrangère. En 1991-1992,

- les compagnies étrangères ont touché 83,4 p. 100 des revenus (de 184,6 millions de dollars) de la distribution de films commerciaux; la part canadienne du marché s'est établie à 6,4 p. 100;

- les œuvres canadiennes n'ont représenté qu'environ 15 p. 100 des enregistrements sonores distribués au Canada;

- les livres d'auteurs canadiens ont représenté 43 p. 100 des ventes de livres des maisons d'édition canadiennes.

Ces chiffres témoignent de l'ouverture sans parallèle du Canada aux produits culturels étrangers. Le public canadien fait le même accueil aux magazines importés :

- les magazines canadiens ont représenté 67,6 p. 100 des ventes de magazines au Canada, et les magazines de langue anglaise, seulement 18,6 p. 100 des ventes en kiosque.

Pourtant, les lecteurs canadiens ont fait la preuve qu'ils apprécient les magazines reflétant leurs intérêts et leur point de vue. Malgré l'avalanche de magazines étrangers à leur disposition, ils paient volontiers davantage pour des magazines conçus pour le marché canadien.[22]

Dans un document de 1987, *Nos industries culturelles : des liens essentiels*, le gouvernement du Canada a exposé en détail sa politique sur les industries culturelles. La publication souligne le conflit inhérent entre la mondialisation et la volonté canadienne de développement culturel. Elle donne de bonnes raisons pour justifier l'intervention gouvernementale en faveur des industries culturelles et décrit comme suit l'effet d'une libéralisation excessive des échanges en matière de culture et de communications :

> Les Canadiens sont d'ardents internationalistes, tendance qui suppose une possibilité de choix véritable et étendue. Or la globalisation, bien au contraire, est un processus qui mène à la centralisation du processus décisionnel et au rétrécissement des choix.
>
> ...
>
> Ce n'est pas notre facilité d'accès aux produits étrangers qui fait problème, mais plutôt notre difficulté à accéder à nos propres œuvres. Cette difficulté tient pour une large part à la structure économique des industries culturelles, qui donne aux produits importés, commercialisés sur une plus vaste échelle et moins coûteux, un avantage indéniable. Si les conséquences en sont principalement économiques, c'est l'aspect culturel du phénomène qui est au cœur de nos préoccupations, car, pour l'essentiel, il s'agit d'offrir aux Canadiens un bon éventail de choix.

LA LIBERTÉ DE CHOIX

Le Canada a toujours affiché un respect scrupuleux de la liberté d'expression. Il est inconcevable qu'un gouvernement canadien veuille limiter l'accès du public aux écrits du monde entier. Mais l'accès aux publications conçues pour le public canadien ne doit pas non plus être diminué. Les Canadiens ont le souci bien légitime de maintenir et de développer une industrie des périodiques qui leur est propre et qui exprime leur point de vue. Pour le Groupe de travail, la préservation d'une industrie viable de périodiques canadiens est la condition sine qua non de la liberté de choix.

---

[22] Les Canadiens peuvent payer davantage, soit en payant plus cher pour un magazine canadien équivalent à un magazine étranger, soit en payant le même prix pour un magazine canadien de qualité moindre.

L'industrie des périodiques canadiens est enfermée dans un dilemme : elle doit refléter les idées et les intérêts du public canadien contre l'énorme concurrence des magazines étrangers, qui ne perdra rien de son intensité dans le contexte du libre-échange, de l'économie de marché et du large consensus sur la liberté de choix.

Les périodiques, et les autres industries culturelles n'ont qu'à profiter des économies d'échelle que leur offre le libre-échange nord-américain, dira-t-on. Les magazines qui rentrent dans leurs frais au Canada pourraient s'étendre aux États-Unis et au Mexique sans plus que ce qu'il leur en coûterait pour imprimer plus d'exemplaires. Les magazines à tirage modeste qui ne rentrent pas dans leurs frais au Canada pourraient atteindre le seuil de rentabilité avec les économies d'échelle que permet le marché nord-américain.

Les magazines canadiens qui voudraient pénétrer le marché nord-américain se heurtent cependant à des obstacles de taille. Les États-Unis sont omniprésents dans la société canadienne, mais le Canada reste un secret bien gardé pour la plupart des Américains. Il est hautement improbable qu'un magazine canadien puisse vaincre l'indifférence qu'entretient pour le Canada la grande majorité des Américains. Et le Mexique, étant de langue espagnole, n'offre pas grand espoir de succès aux magazines canadiens.

Pour que les magazines canadiens attirent un auditoire étranger, il faudrait les dépouiller de ce qui plaît au public canadien, ou en tout cas le réduire. Les magazines canadiens et étrangers ne sont pas interchangeables. Le marché canadien des magazines de grande diffusion est très réceptif à une perspective étrangère sur la politique ou les divertissements, mais l'inverse n'est pas vrai.

Les revues spécialisées destinées au marché canadien diffusent quant à elles des informations spécifiquement canadiennes sur les produits actuels et nouveaux, le milieu et la sécurité du travail, les normes et règles environnementales, les foires, les innovations industrielles, les changements chez les fournisseurs et la clientèle, et une foule d'autres renseignements professionnels. Si on les dépouillait de cette matière, les milieux professionnels et industriels du Canada perdraient une source de renseignements précieux et un excellent moyen de communication, qui est aussi un stimulant pour l'activité économique du Canada.

L'INTERVENTION DE L'ÉTAT

Voilà la situation des magazines canadiens. Il leur faut se débattre dans un marché largement ouvert aux produits étrangers et dans un cadre politique certes préoccupé par la culture et l'identité canadiennes, mais forcé de concilier cet objectif avec la réalité commerciale qui requiert des marchés ouverts pour que le Canada puisse commercer et survivre.

L'intervention de l'État est capitale pour la viabilité des périodiques canadiens et la diffusion d'informations particulières au marché canadien. Le succès ou l'échec des mesures gouvernementales déterminera si la population du Canada aura la liberté de lire non seulement des magazines étrangers, mais aussi des magazines répondant à ses besoins et exprimant son point de vue.

Les lecteurs canadiens ont libre accès aux périodiques étrangers. Le fait que 32,4 p. 100 des magazines diffusés au Canada proviennent de l'étranger en témoigne. Nous sommes plus riches du fait d'être exposés aux idées et aux opinions du reste du monde.

En même temps, nous devons faire en sorte que les périodiques canadiens conservent l'espace qui leur permettra de prospérer. Sans magazines canadiens, ou sans la même variété et la même qualité de magazines canadiens, nous perdrions une partie essentielle de l'univers d'idées et d'informations dont nous disposons et auquel nous avons un droit légitime. Nous perdrions certainement le bénéfice d'un éclairage canadien sur les événements.

Le défi qui se pose à nous comme nation, c'est de préserver l'espace des magazines canadiens et de faire en même temps bon accueil aux magazines étrangers. Les éditions à tirage dédoublé de magazines étrangers pourraient sérieusement diminuer les recettes publicitaires des périodiques canadiens. Elles sont à même de tirer des revenus de la vente d'espace publicitaire dans un magazine dont les frais ont déjà été couverts, complètement ou presque, sur son marché intérieur. Le magazine canadien, par contre, doit couvrir ses frais avec les revenus qu'il tire du marché canadien.

Il va de soi que la meilleure façon d'assurer la survie des périodiques canadiens, c'est de préserver autant que possible leur accès à la publicité destinée au public canadien. C'est justement le but que visaient les mesures introduites en 1965 — l'article 19 de la *Loi de l'impôt sur le revenu* et le code tarifaire 9958 du Tarif des douanes, dont il a été question plus en détail au chapitre IV.

Le Groupe de travail croit que l'État doit continuer de veiller à ce que la population du Canada conserve cette liberté de choix. Sinon, c'est le Canada lui-même qui y perdra.

Nos recherches indiquent qu'il faut poursuivre les objectifs politiques qui ont inspiré les mesures de 1965 citées plus tôt, mais que ces mesures doivent être adaptées aux conditions nouvelles. Les changements que nous proposons n'altèrent pas le principe des mesures; ils les adaptent simplement à la réalité. Le Groupe de travail est tout à fait conscient que le Canada dépend du commerce international et que son intérêt lui commande de rechercher un régime d'échanges libres et ouverts. La nouvelle taxe que nous recommandons est en accord avec nos obligations commerciales et garde le juste milieu entre les impératifs du développement culturel du Canada et de son développement économique par la libéralisation des échanges.

■ CHAPITRE VII

UN NOUVEAU CADRE D'AIDE

INTRODUCTION

La liberté d'expression n'aurait pas le même sens sans magazines canadiens. Si nous ne pouvions plus nous adresser d'une voix distincte à un auditoire canadien, notre expression culturelle, notre cohésion sociale et notre sens du destin national seraient gravement, sinon irrémédiablement diminués.

Le public canadien a depuis toujours libre accès aux publications du monde entier. Le Groupe de travail tient à préserver cette liberté. Les mesures qu'il propose n'infirment en rien le droit du public d'acheter les magazines de son choix. Au reste, même si nous voulions fermer nos frontières, ce qui n'est nullement notre intention, nous ne le pourrions pas.

L'objectif des recommandations du Groupe de travail n'est pas de dissuader le public canadien de lire des magazines étrangers, mais d'entretenir un climat permettant aux magazines canadiens de se développer à côté des magazines importés au Canada. Ce que nous recherchons, c'est un équilibre entre les magazines d'ici et ceux d'ailleurs.

Les mesures que nous recommandons sont en accord avec les grands principes qui ont inspiré la politique culturelle et médiatique des gouvernements qui se sont succédé à Ottawa depuis les années 1930. Ce qui motive cette politique, c'est que nos industries culturelles — cinéma, télévision, enregistrements sonores, livres et magazines — sont largement dominées par des produits étrangers. Si elles étaient abandonnées aux seules lois du marché, il se pourrait qu'un jour le public canadien n'ait plus le choix de produits culturels étrangers et de produits destinés au marché canadien. Il n'y aurait tout simplement plus de produits canadiens en raison de l'exiguïté relative et de la fragilité de nos industries culturelles.

Le gouvernement du Canada a pris des mesures pour améliorer la viabilité de nos industries culturelles : il insiste, par exemple, pour que les Canadiens aient un intérêt prépondérant dans les médias et qu'une part de leur production soit d'origine canadienne; et il passe au crible les prises de participation étrangère dans les entreprises à caractère culturel et national.

Les recommandations du Groupe de travail sont conformes à cette tradition et tentent en même temps d'assurer le respect des droits et obligations du Canada en vertu des ententes commerciales internationales comme le GATT, l'ALE et l'ALENA. Nous avons pris soin de proportionner nos recommandations aux problèmes des magazines canadiens, que nous exposons en détail dans le rapport.[23] Nous sommes persuadés que ce que nous proposons n'affecte guère la liberté d'expression et de choix. En définitive, nous cherchons à étendre le choix en assurant que restent disponibles des magazines de contenu original.

Les recommandations du Groupe de travail peuvent être divisées en trois catégories : a) dispositions légales que le Groupe de travail conseille au gouvernement du Canada de mettre en œuvre dans les meilleurs délais, soit dans le cadre de la législation actuelle, soit par de nouvelles lois; b) nouvelles mesures du gouvernement du Canada et, dans certains cas, des gouvernements provinciaux qui, selon le Groupe de travail, renforceront la viabilité de l'industrie canadienne des périodiques; et c) confirmation de mesures et de pratiques du gouvernement et de l'industrie que le Groupe de travail juge essentielles à la santé de l'industrie canadienne des périodiques.

MESURES LÉGALES

LOI SUR LA TAXE D'ACCISE

Recommandation : *qu'un droit d'accise soit exigé d'un magazine ou d'un périodique diffusé au Canada, renfermant des annonces publicitaires destinées principalement au public canadien et dont le contenu rédactionnel est essentiellement le même que celui d'un ou de plusieurs numéros d'un ou de plusieurs périodiques renfermant des annonces publicitaires qui, dans l'ensemble, ne sont pas destinées principalement au public canadien. Le droit serait exigible de l'imprimeur ou du distributeur de tels magazines.*

Ce droit serait exigible par numéro et équivaudrait à 80 p. 100 du prix de l'ensemble des publicités paraissant dans ce numéro. Le prix de l'ensemble des publicités serait déterminé en multipliant le tarif à la page pour une seule insertion par le nombre de pages de publicité paraissant dans le numéro.

Exemption : *les magazines qui seraient autrement tenus d'acquitter le droit en date du présent rapport devraient être exemptés pour un nombre de numéros par an égal à celui diffusé au Canada l'année précédant ce rapport.* (Voir l'annexe 1 pour une explication détaillée de l'exemption.)

---

[23] Voir au chapitre IV, en particulier, l'analyse du milieu dans lequel opèrent les magazines canadiens.

Commentaire

Le Groupe de travail est d'avis que la meilleure façon d'améliorer la viabilité de l'industrie canadienne des périodiques, c'est de créer des conditions permettant aux magazines de contenu original d'être publiés, distribués et vendus à profit au Canada. Le tort que peuvent causer à l'industrie canadienne des périodiques les éditions à tirage dédoublé de magazines de contenu recyclé a été abondamment documenté par la Commission O'Leary en 1961 et confirmé par nos propres recherches.[24] En favorisant les magazines de contenu original, cette recommandation profitera aux auteurs et aux éditeurs de magazines sans déroger aux obligations du Canada en matière de commerce international.

Le Groupe de travail recommande qu'un droit soit exigé des magazines diffusés au Canada, renfermant des annonces publicitaires destinées principalement au public canadien et dont le contenu rédactionnel est essentiellement le même que celui d'un ou de plusieurs numéros d'un ou de plusieurs périodiques renfermant des annonces publicitaires qui, dans l'ensemble, ne sont pas destinées principalement au public canadien. Nous recommandons que l'expression « essentiellement le même » soit définie comme signifiant le même pour plus de 20 p. 100 du contenu. Cette condition est semblable à celle prescrite par la règle actuelle de déductibilité des frais de publicité d'entreprise en vertu de l'article 19 de la *Loi de l'impôt sur le revenu* (qui interdit la déduction des frais de publicité dans des magazines dont le contenu non publicitaire est pour plus de 20 p. 100 le même que celui d'un numéro de périodique ou de périodiques imprimés, rédigés ou publiés à l'extérieur du Canada). De même que nous attachons un pourcentage à l'expression « essentiellement le même », nous recommandons que la loi exige une marge de différence sensible, et non pas simplement cosmétique ou insignifiante.

Un certain nombre d'arrêtés et de règlements techniques devront accompagner le droit d'accise que nous proposons. Outre l'article 19 de la *Loi de l'impôt sur le revenu*, on trouvera des précédents pour certains de ces règlements dans la réglementation concernant le code tarifaire 9958 du Tarif des douanes. Le Groupe de travail est persuadé que le ministère des Finances et Revenu Canada, en consultation avec le ministère du Patrimoine canadien, auront peu de mal à définir l'application de la taxe.

La taxe doit être assez élevée pour permettre à la matière originale des magazines d'attirer la publicité destinée aux consommateurs canadiens. Ainsi pensons-nous que la taxe devrait être fixée à 80 p. 100 du prix de l'ensemble des annonces publicitaires

---

[24] Voir le chapitre V : « La menace des magazines à tirage dédoublé ».

paraissant dans un numéro pour encourager réellement les magazines de contenu original. Le prix de la publicité devrait être déterminé en multipliant le tarif à la page pour une seule insertion par le nombre de pages de publicité. Le tarif à la page est largement diffusé et aisément déterminable.

La nouvelle taxe est en accord avec les obligations du Canada en matière de commerce international. Comme elle s'applique au contenu original, la taxe n'enfreint pas les dispositions de traitement national des marchandises contenues dans le GATT, l'ALE et l'ALENA.[25] Outre que la matière écrite transmise au Canada par télématique n'est pas une « marchandise » au sens de la douane, la taxe ne ferait pas de distinction entre matière non originale importée ou produite au Canada. La taxe n'est pas discriminatoire contre les investissements étrangers. Elle serait acquittée par les imprimeurs ou les distributeurs d'éditions de magazines tombant sous le coup de la taxe, indépendamment de la nationalité de l'investisseur. La taxe que nous proposons ne prescrit pas de proportion de contenu national contraire à l'ALE et à l'ALENA. Elle est destinée à favoriser le contenu original, indépendamment du pays d'origine. La taxe n'est pas non plus discriminatoire contre les services étrangers. Même si la publication d'un magazine constituait un service au sens des règles du commerce international du Canada, ce qui est loin d'être établi, la taxe ne s'applique que si le contenu non original paraît dans un magazine renfermant des annonces publicitaires destinées au public canadien, indépendamment de la nationalité de l'auteur ou du pays d'origine du magazine.

En insistant sur un contenu original, sans égard au pays d'origine, plutôt que sur un contenu canadien, le Groupe de travail jette un filet plus grand, mais il est d'avis, tout compte fait, qu'il vaut mieux viser grand et respecter les engagements internationaux du Canada en encourageant le contenu original que de restreindre le champ et de risquer de longs différends avec nos principaux partenaires commerciaux en favorisant simplement le contenu canadien. Il est évident que le Groupe de travail se préoccupe d'abord de la survie de magazines exprimant un point de vue canadien, mais il croit que la meilleure façon de réaliser cet objectif, c'est de favoriser le contenu original, quel que soit son pays d'origine. En favorisant les magazines de contenu original, la nouvelle taxe réalisera cet objectif en observant les obligations du Canada en matière de commerce international.

---

[24] Voir le chapitre V : « La menace des magazines à tirage dédoublé ».

LOI DE L'IMPÔT SUR LE REVENU

Recommandations :

a. *que la **Loi de l'impôt sur le revenu** soit modifiée pour obliger les éditeurs de périodiques faisant affaires au Canada à déposer chaque année une déclaration de propriété et de contenu rédactionnel de chaque magazine publié au Canada;*

b. *que l'article 241 de la **Loi de l'impôt sur le revenu** soit modifié pour permettre au ministère du Revenu national de publier chaque année une liste des périodiques observant l'article 19 dressée d'après les déclarations de renseignements déposées par les éditeurs;*

c. *que le ministère du Revenu national et le ministère du Patrimoine canadien concluent une entente administrative en vertu de laquelle ce dernier vérifiera, avant publication, l'exactitude de la liste dont il est question au paragraphe (b) ci-dessus;*

d. *qu'une disposition de contre-évasion soit ajoutée à l'article 19 autorisant le ministre responsable de l'application de la Loi à déterminer si un journal ou un périodique est bel et bien de propriété canadienne;*

e. *que le ministère du Revenu national, en collaboration avec le ministère du Patrimoine canadien, émette un communiqué pour s'assurer que les annonceurs et les agences de publicité sont au courant des dispositions de l'article 19.*

Commentaire

L'article 19 de la *Loi de l'impôt sur le revenu* autorise la déduction des frais de publicité destinée au public canadien dans des périodiques canadiens, c'est-à-dire des périodiques à 75 p. 100 de propriété canadienne et dont le contenu n'est pas substantiellement le même (c'est-à-dire pas plus de 20 p. 100 le même) que celui d'un numéro d'un périodique, ou d'un ou de plusieurs numéros d'un ou de plusieurs périodiques, imprimés, rédigés ou publiés à l'extérieur du Canada.

Ces dispositions sont en vigueur depuis 1965. Au fil des ans, l'article 19 a grandement contribué à renforcer l'industrie canadienne des périodiques. Au cours de ses travaux, le Groupe de travail a appris de diverses sources que les dispositions de l'article 19 sont, pour toutes sortes de raisons, plus souvent enfreintes qu'observées. Pour l'efficacité de cette mesure, il faut s'assurer que les contribuables comprennent et observent la loi, et aider les vérificateurs de Revenu Canada à contrôler le respect de l'article 19. Nos recommandations ont pour but de mieux faire connaître cette mesure et d'en simplifier l'administration.

L'amendement de la *Loi de l'impôt sur le revenu* obligeant les éditeurs de magazines à déclarer la propriété et le contenu de leurs magazines facilitera le contrôle des dérogations à l'article 19 (paragraphe a). Les magazines dont la déclaration est omise seront présumés non canadiens au sens de la loi, c'est-à-dire que les frais encourus pour annoncer dans ces magazines ne seront pas déductibles des revenus de l'annonceur. La liste dressée d'après les déclarations des éditeurs serait publiée chaque année pour informer les contribuables et les vérificateurs des magazines admissibles à la déduction en vertu de l'article 19 (paragraphe b). Le Groupe de travail recommande que le ministère du Patrimoine canadien, qui est responsable de la politique des périodiques, vérifie l'exactitude de la liste (paragraphe c), mais il est d'avis qu'en pratique, la liste devrait être autorégulatrice.

On nous a dit qu'il était trop facile de contourner la disposition de l'article 19 sur la propriété canadienne. Nous proposons donc que le ministre responsable de l'application de la Loi ait autorité pour déterminer si une publication est de propriété canadienne au sens de l'article 19 (paragraphe d). Cette disposition serait semblable à celle du paragraphe 26 (2) de la *Loi sur Investissement Canada*, qui donne au ministre responsable de son application le pouvoir de déterminer si une entreprise du secteur culturel qui répond de prime abord à la définition de propriété canadienne en vertu de la loi est bel et bien de propriété canadienne.

L'industrie des périodiques a dit douter que l'application de l'article 19 soit rigoureusement contrôlée. L'article 19 fait obligatoirement partie de toute vérification effectuée par Revenu Canada. Nos recommandations devraient aider aussi bien les annonceurs que les vérificateurs et faciliter les vérifications obligatoires.

Enfin, il nous est apparu que les dispositions de l'article 19 n'étaient ni assez connues ni bien comprises du milieu de la publicité. Notre dernière recommandation incite donc le gouvernement à mieux faire connaître les dispositions de l'article 19 (paragraphe e) dans l'industrie.

CODE TARIFAIRE 9958

Recommandation : *que le code tarifaire 9958 soit maintenu dans la forme qu'il revêt depuis 1965.*

Commentaire

Nous recommandons de maintenir le code tarifaire 9958 du Tarif des douanes. Il reste toujours utile, sauf lorsqu'un magazine ne traverse plus la frontière dans sa forme définitive.

Certains des intéressés qui nous ont présenté des mémoires nous ont suggéré d'étendre le champ du code tarifaire 9958 et de considérer la matière transmise au Canada par télématique comme une « marchandise ». Ainsi, l'éditeur étranger ne pourrait plus contourner le code tarifaire en imprimant l'édition canadienne de son magazine au Canada. Cette solution soulève des questions délicates sur la circulation transfrontalière de l'information, la propriété intellectuelle et d'autres impondérables douaniers, et leurs répercussions internationales débordent le cadre du mandat du Groupe de travail.

Les frontières du Canada sont ouvertes à toute matière écrite, magazines et autres, avec le résultat que le public canadien a un accès sans parallèle aux magazines du monde entier. Comme nous l'avons noté dans notre rapport provisoire cependant, les conditions d'entrée des magazines étrangers ne sauraient être telles qu'elles compromettent l'industrie canadienne des périodiques.

MESURES TOUCHANT LES INVESTISSEMENTS

Recommandation : *que la **Loi sur Investissement Canada** soit modifiée de manière que toute opinion, mesure ou recommandation du ministre responsable de l'application de la Loi sur des sujets de signification particulière pour le patrimoine ou l'identité nationale concernant les magazines ou les périodiques et l'applicabilité de la **Loi sur Investissement Canada** ait l'adhésion du ministre du Patrimoine du Canada.*

Commentaire

Le Groupe de travail a envisagé de recommander la révision de la définition que donne la *Loi sur Investissement Canada* d'une « entreprise canadienne » dans le secteur de l'édition de sorte qu'il ne soit plus requis d'avoir une place d'affaires, des employés et un actif au Canada pour qu'un investissement de signification particulière pour le patrimoine culturel ou l'identité nationale du Canada fasse l'objet d'un avis et d'un examen en vertu de la Loi. Le Groupe de travail a rejeté cette solution pour des motifs d'ordre constitutionnel et pratique. Essentiellement, la *Loi sur Investissement Canada* ne convient pas pour régir une activité qui ne donne lieu à aucune présence d'affaires au Canada.

Dans son Rapport provisoire, le Groupe de travail a recommandé que les *Lignes directrices à l'égard des entreprises liées*, publiées en vertu de la Loi, soient modifiées pour clarifier la situation de l'industrie des magazines ou des périodiques. Le gouvernement a donné suite à cette recommandation en juillet 1993[26] et nous réaffirmons l'importance de cette mesure pour assurer l'examen

---

[26] La déclaration du gouvernement, en date du 19 juillet 1993, est reproduite à l'annexe 5 du présent rapport.

adéquat des investissements étrangers dans cette industrie vitale. En vertu de la Loi, tout projet d'investissement dans des magazines ou des périodiques qui ne sont pas déjà publiés au Canada est sujet à avis et examen.

Cet examen doit tenir compte, entre autres, de la compatibilité de l'investissement avec la politique culturelle du Canada et ses objectifs (article 20 de la *Loi sur Investissement Canada*). Puisque le ministre du Patrimoine canadien est responsable de la politique d'édition des magazines et des périodiques, le Groupe de travail juge essentiel que le ministre responsable de l'application de la *Loi sur Investissement Canada* obtienne son adhésion avant d'émettre une opinion sur l'applicabilité ou l'inapplicabilité de la Loi ou de prendre toute mesure concernant un projet d'investissement dans le secteur de l'édition et de la distribution des magazines et des périodiques.

NOUVELLES MESURES

TAXE SUR LES PRODUITS ET SERVICES

Recommandation : *que, dans l'éventualité d'une révision de la taxe sur les produits et services et de l'introduction d'un nouveau régime fiscal prévoyant des exemptions, le gouvernement envisage d'éliminer la taxe fédérale de vente sur les choses à lire, notamment les magazines.*

Commentaire

Un comité spécial de la Chambre des communes révise actuellement la taxe fédérale sur les produits et services. Le Groupe de travail ne veut pas préjuger du résultat de cette révision. Néanmoins, dans le but de stimuler la lecture des magazines et en particulier des magazines de contenu original publiés au Canada, le Groupe de travail croit que le gouvernement devrait envisager sérieusement de supprimer toute taxe de vente sur la matière à lire dans tout régime fiscal prévoyant des exemptions.

DIRECTIVES CONCERNANT LA PUBLICITÉ GOUVERNEMENTALE

Recommandation : *que le gouvernement fédéral et les gouvernements provinciaux, leurs agences et leurs sociétés fassent tout leur possible pour soutenir l'industrie canadienne des périodiques en plaçant dans les magazines et les périodiques leurs annonces publicitaires destinées au public canadien de façon conforme à la politique du gouvernement fédéral sur les périodiques canadiens.*

Commentaire

Les sociétés d'État fédérales et provinciales et les ministères et agences gouvernementaux sont d'importants annonceurs. Le Groupe de travail a même noté avec intérêt qu'en 1992, le gouvernement fédéral a été de loin le plus gros annonceur au Canada. Il a dépensé 113,2 millions de dollars pour sa publicité, davantage que les dépenses combinées des Restaurants McDonald du Canada, Pepsico Inc., Coca-Cola Ltée et General Mills.

Le Groupe de travail exhorte le gouvernement fédéral à utiliser son pouvoir d'achat dans ce secteur en accord avec sa politique d'édition des magazines et périodiques. Sans augmenter leurs dépenses, les ministères et agences du gouvernement fédéral pourraient contribuer puissamment à la santé de l'industrie canadienne des périodiques en plaçant leurs annonces publicitaires destinées au public canadien dans les magazines et périodiques qui renferment au moins 80 p. 100 de contenu original.

Le Groupe de travail invite les ministères, les sociétés d'État et les agences des gouvernements provinciaux à prodiguer le même appui à l'industrie canadienne des périodiques.

MESURES GOUVERNEMENTALES PROVINCIALES

Recommandation : *que les gouvernements des provinces prennent les mesures de leur ressort pour soutenir l'industrie canadienne des périodiques, en particulier des mesures qui tiennent compte du problème que posent la publication et la diffusion d'éditions à tirage dédoublé.*

Commentaire

Le Groupe de travail reconnaît le rôle significatif des provinces dans la régulation des industries culturelles, notamment des médias. En fait, la régulation de l'industrie des journaux et des magazines et de multiples éléments de la publication et de la diffusion des magazines échappe en bonne partie au pouvoir fédéral. Aussi, dans ses recommandations au gouvernement du Canada, le Groupe de travail met-il l'accent sur les éléments qui sont du ressort du Parlement et du gouvernement fédéral, tels que l'imposition d'un droit d'accise, les amendements à la *Loi de l'impôt sur le revenu*, à la *Loi sur Investissement Canada* et aux directives qui en émanent, et ainsi de suite.

Le Groupe de travail recommande toutefois que le gouvernement fédéral incite les provinces à prendre des mesures de leur ressort pour venir en aide à l'industrie canadienne des périodiques. Quelques provinces ont déjà pris des mesures en vue d'encourager la presse écrite. Le gouvernement de l'Ontario a institué un groupe consultatif, qui doit faire rapport prochainement sur les industries culturelles. Nous avons bon espoir que le Groupe de travail de l'Ontario reconnaîtra la menace que représente le phénomène des éditions à tirage dédoublé pour l'industrie des magazines et recommandera au gouvernement provincial des mesures qui sont de son ressort pour remédier au problème.

Le Groupe de travail est d'avis que seule une action concertée des autorités fédérales et provinciales peut mener à une politique viable pour les magazines, comprenant des mesures que les deux ordres de gouvernement peuvent prendre dans leur domaine respectif.

RÉAFFIRMATION DE LA POLITIQUE ET DES PRATIQUES ACTUELLES

LES TARIFS POSTAUX PRÉFÉRENTIELS

Recommandation : *que le gouvernement fédéral maintienne le niveau actuel d'aide financière qu'il prodigue aux périodiques canadiens à diffusion payée afin de permettre au public de toutes les régions du Canada d'avoir accès aux périodiques canadiens à diffusion payée de leur choix à prix abordable, soit par des tarifs postaux préférentiels ou par un autre programme d'aide à la diffusion de ces périodiques.*

Commentaire

Les tarifs postaux préférentiels ont été institués il y a plus d'un siècle pour favoriser les communications transcanadiennes et le développement de la nation. À l'origine, ils ne s'appliquaient qu'aux journaux et aux bulletins; ils ont été étendus aux magazines au début du siècle. Grâce à ce programme, les Canadiens vivant en région éloignée peuvent recevoir des magazines au même prix que ceux qui habitent à proximité des grandes villes. La mesure a non seulement bénéficié aux lecteurs, mais aussi indirectement et de façon marquée aux éditeurs de périodiques.

La viabilité de l'industrie canadienne des périodiques dépend dans une grande mesure des tarifs postaux préférentiels. Les kiosques, surtout au Canada anglais, sont dominés par les magazines étrangers : seulement 18,6 p. 100 des magazines de grande diffusion de langue anglaise vendus en kiosque sont d'origine canadienne. Cette faible proportion est attribuable en partie à l'exiguïté relative du marché canadien et aux frais exorbitants d'impression d'exemplaires qui restent invendus. La plupart des magazines canadiens n'ont pas les moyens d'imprimer un assez grand nombre d'exemplaires pour pouvoir substituer la diffusion en kiosque à l'abonnement. Les magazines canadiens de grande diffusion n'ont qu'une faible marge d'augmentation des prix d'abonnement parce que le montant que les lecteurs sont disposés à payer est largement influencé par le prix des magazines étrangers, en particulier américains. Le Groupe de travail est persuadé que les magazines canadiens à diffusion payée auraient beaucoup de mal à répercuter une majoration sensible des frais postaux sur leurs lecteurs sans une lourde perte de tirage.

Depuis 1989, la subvention postale de 220 millions de dollars est progressivement supprimée en faveur de programmes d'aide à la diffusion de livres, de magazines et de petits hebdomadaires communautaires. Le programme de remplacement devait être fixé à 110 millions de dollars, dont 85 millions seraient affectés aux périodiques et aux petits hebdomadaires. Mais le gouvernement a depuis annoncé des réductions supplémentaires des programmes d'appoints et de subventions, dont les tarifs postaux préférentiels. Le Groupe de travail reconnaît que le gouvernement est dans une mauvaise passe financière et ne propose pas de révoquer ces décisions. Il exhorte toutefois le gouvernement à prendre note de l'importance vitale de ce programme pour l'industrie et à le préserver pour l'avenir.

LE FONDS DE DÉVELOPPEMENT DES INDUSTRIES CULTURELLES

Recommandations :

a. *que la Banque fédérale de développement voie avec l'industrie et le ministère du Patrimoine canadien comment l'industrie canadienne des périodiques peut tirer plein rendement du Fonds de développement des industries culturelles (FDIC);*

b. *que l'industrie canadienne des périodiques fasse le plus possible appel aux ressources du FDIC;*

c. *qu'un budget annuel d'au moins 500 000 $ soit affecté aux Services de gestion-conseil du FDIC.*

Commentaire

Le Fonds de développement des industries culturelles (FDIC), créé en 1991 et pourvu d'un budget quinquennal de 33 millions de dollars, est administré par la Banque fédérale de développement (BFD) pour le ministère du Patrimoine canadien (ancien ministère des Communications). Il offre des prêts aux industries culturelles, notamment aux éditeurs de périodiques.

Le Fonds a été créé pour remédier à un problème commun à toutes les industries culturelles au Canada : le manque de capital. Les difficultés de financement de ces industries par les institutions prêteuses classiques proviennent dans une large mesure de ce que les prêteurs connaissent mal le secteur culturel, la plupart des entreprises sont relativement petites et leur actif, incorporel par nature, ne peut être donné facilement en garantie.

Le Groupe de travail croit comprendre que, depuis la création du Fonds il y a deux ans, on a eu du mal à faire concorder les besoins des éditeurs de magazines et les attentes de la BFD. La Banque ne peut corriger la situation qu'en se familiarisant avec le fonctionnement et les besoins particuliers de l'industrie des périodiques. Nous exhortons donc la BFD à se concerter avec l'industrie et le ministère du Patrimoine canadien pour voir comment l'industrie canadienne des périodiques peut tirer plein rendement du Fonds, à partir des efforts déjà engagés dans ce sens.

D'autre part, les magazines, surtout ceux de grande diffusion, n'ont pas fait appel autant qu'ils l'auraient pu aux ressources du FDIC. C'est compréhensible, vu l'insuccès des premières démarches des éditeurs. Les éditeurs de périodiques ne devraient cependant pas négliger ce recours, d'autant que la BFD a fait des efforts récemment pour améliorer l'administration du Fonds.

Les Services de gestion-conseil du FDIC, qui proposent des conseils individualisés aux éditeurs de périodiques, jouent un rôle très utile. L'équipe volante d'experts-conseil de la Canadian Magazine Publishers Association (CMPA) offre un exemple particulièrement heureux de cette forme d'aide.

Dans les temps durs, les services de conseils individualisés sont particulièrement utiles. Beaucoup d'éditeurs de périodiques se lancent en affaires sur la foi d'une idée. Leur foi peut les soutenir longtemps, souvent malgré des pertes financières considérables, comme nous l'avons vu dans notre analyse de l'économie des magazines. Les conseils de vétérans de l'industrie peuvent singulièrement améliorer les perspectives d'avenir des petites et moyennes entreprises. Avec un peu de chance, la prochaine analyse économique de l'industrie ne révélera pas que plus de la moitié des magazines canadiens perdent de l'argent.

Les experts-conseil de l'équipe volante de la CMPA ont une grande expérience de l'industrie ou y sont encore employés. Ils se rendent sur demande aux bureaux des éditeurs de périodiques et leur prodiguent des conseils sur place. La CMPA et l'éditeur partagent les frais de consultation. C'est une aide directe et pratique, adaptée aux besoins particuliers de l'éditeur.

Le Groupe de travail estime que c'est une façon exemplaire de mettre à profit les ressources humaines et financières de l'industrie. Nous recommandons donc qu'un budget annuel d'au moins 500 000 $ soit affecté aux Services de gestion-conseil du FDIC.

Le Fonds de développement, qui devrait subvenir à ses besoins avec les années à mesure que les premiers emprunteurs rembourseront leur prêt, nous apparaît comme une façon très louable de prodiguer à l'industrie l'aide financière dont elle a grand besoin. Il faut cependant qu'il soit adapté à la situation actuelle de l'industrie pour atteindre son objectif. Certains éditeurs sont très sceptiques à propos du FDIC. En faisant plus d'efforts de promotion, la BFD s'assurerait que l'industrie tire plein parti du potentiel du Fonds.

MESURES DU SECTEUR PRIVÉ

Recommandation : *que l'industrie canadienne des périodiques continue de faire valoir aux annonceurs et aux agences de publicité l'avantage d'annoncer dans les magazines canadiens et l'accès unique qu'ils offrent au marché.*

Commentaire

Le Groupe de travail croit que l'industrie canadienne des périodiques et l'industrie canadienne en général peuvent faire davantage pour garantir la viabilité et la survie de périodiques canadiens distincts.

Nous avons été frappés par les témoignages attestant de l'importance des magazines canadiens pour la communication entre Canadiens. L'information que relaie la presse professionnelle, par exemple, permet au public canadien de prendre connaissance des lois et règlements nouveaux qui affectent différents secteurs industriels. Si la presse professionnelle disparaissait en raison de la multiplication des éditions à tirage dédoublé, les annonceurs canadiens perdraient un moyen efficace d'atteindre leurs clients dans l'industrie et les professions. Ce serait une véritable perte économique. La présence d'une presse professionnelle distincte au Canada favorise le développement de spécialités sectorielles et de créneaux commerciaux.

Dans ses rencontres avec les représentants du milieu de la publicité, le Groupe de travail s'est fait dire que l'industrie canadienne des périodiques n'a pas suffisamment fait comprendre l'intérêt exceptionnel qu'elle revêt pour les annonceurs. Magazines Canada a cependant publié récemment deux excellents outils de promotion, *Magazine Magic* et *Magazines Sell/le magazine vend* et lancé une campagne intensive de promotion. Le Groupe de travail félicite l'industrie de cette initiative et l'encourage à poursuivre activement ce type de promotion à tous les niveaux.

POUR L'AVENIR

Recommandation : *que le gouvernement du Canada établisse d'ici la fin du siècle un procédé formel, tel un groupe de travail, pour évaluer l'effet de nos recommandations et déterminer si de nouvelles mesures sont nécessaires pour promouvoir l'industrie canadienne des périodiques.*

Le Groupe de travail croit fermement que les mesures qu'il suggère préserveront pour un bon moment la viabilité de l'industrie canadienne des périodiques, si elles sont mises en œuvre au bon moment. Il est en même temps conscient que nous vivons à une époque où les usages et les techniques changent rapidement. Les industries culturelles en général, et l'industrie des magazines en particulier, n'échapperont pas à cette évolution. Elles y seront même au premier plan. On n'a qu'à voir le rôle de la culture dans

la radiodiffusion, les communications et l'« autoroute électronique » naissante pour comprendre les répercussions qu'auront ces
développements sur nos industries culturelles.

C'est pourquoi le Groupe de travail recommande au gouvernement
du Canada de ne pas attendre plus tard qu'avant la fin du siècle
pour revoir sa politique concernant l'industrie canadienne des
périodiques. Aucune mesure, si impeccable soit-elle, ne dure
éternellement. Les situations nouvelles requièrent de nouvelles
stratégies. La durée de vie moyenne des règles politiques, comme
des lois, est beaucoup plus brève qu'autrefois. Nous sommes
persuadés que l'industrie des magazines est trop importante
comme expression de la nationalité et de l'identité culturelle du
Canada pour être abandonnée aux caprices de l'évolution. C'est
pourquoi un bilan formel de l'industrie des périodiques, semblable
à celui que nous venons de dresser, devrait s'imposer au gouvernement en priorité d'ici l'an 2000.

■ ANNEXE 1

EXEMPTIONS

Comparaissant en 1960 devant une commission royale d'enquête sur l'industrie des périodiques, Floyd Chalmers, alors président de Maclean-Hunter, s'est montré plutôt sévère pour *Time* et *Reader's Digest*.

« Franchement, a-t-il dit au président de la commission, le sénateur Grattan O'Leary, la nature parasitique de ces publications porte à penser qu'elles ne sont pas particulièrement dignes d'un traitement sympathique ou généreux. »

Près de dix ans plus tard, un autre représentant de Maclean-Hunter a comparu devant le Comité spécial du Sénat sur les médias. R.A. McEachern, vice-président directeur responsable des magazines de grande diffusion, a dit au comité et à son président, le sénateur Keith Davey, que le principe d'antériorité appliqué à *Time* et à *Reader's Digest*, était loin d'être intolérable et qu'il était irréaliste de priver les deux magazines américains de leur exemption. « Nous vivons avec..., a dit M. McEachern. La situation a été créé par le gouvernement. Nous sommes prêts à nous en accommoder. »

Et c'est ce que l'industrie canadienne des périodiques a fait depuis, avec certaines réserves. Le lancement de l'édition canadienne de *Sports Illustrated* en 1993 nous a cependant forcés à revoir la situation de *Time*, société mère de *Sports Illustrated*, et de *Reader's Digest*.

Le droit d'accise recommandé par le Groupe de travail pour remédier au problème de publications de contenu largement recyclé sollicitant des publicités destinées au public canadien remet en question la situation des deux magazines : *Time* et *Reader's Digest* doivent-ils être exempts d'un tel droit en vertu de leur long enracinement au Canada?

Le Groupe de travail est loin d'être le premier à considérer la situation faite aux périodiques canadiens par les magazines étrangers diffusés librement au Canada. La Commission royale sur le développement des arts, des lettres et des sciences, qui a été la première à faire enquête en 1951, a reconnu l'influence fondamentale de la presse périodique sur la société canadienne dans l'instauration et la promotion d'une identité de vues nationale.

Faisant suite aux recommandations de la Commission, le gouvernement du Canada a imposé une taxe de 20 p. 100 sur le contenu publicitaire des éditions à tirage dédoublé de magazines étrangers vendus au Canada. La loi est entrée en vigueur le 1er janvier 1957, mais elle a été révoquée en 1958 après l'élection d'un nouveau gouvernement.

En 1960, la Commission O'Leary a repris l'examen de la situation des magazines. Dans son rapport en 1961, la Commission a conclu que les dépenses publicitaires faites au Canada devaient contribuer au soutien des médias canadiens. Il ne saurait exister de presse périodique authentiquement canadienne, a-t-elle dit, que si les publications canadiennes sont assurées, dans des termes équitables, d'une juste part de la publicité intérieure. C'est un objectif que partage ce Groupe de travail-ci.

La Commission O'Leary a proposé une stratégie aujourd'hui connue, qui consiste à refuser que l'annonceur déduise de ses revenus les frais de publicité destinée au marché canadien dans un périodique étranger.

En outre, a suggéré la Commission O'Leary, l'importation de magazines étrangers renfermant des annonces publicitaires destinées au public canadien devrait être interdite.

Plus de 30 ans après la Commission O'Leary, le magazine *Sports Illustrated* a réussi à contourner le principe d'interdiction de l'importation de magazines étrangers comportant des annonces publicitaires destinées au public canadien en transmettant le contenu de son édition canadienne par télématique.

Le principe édicté par le code tarifaire 9958 s'impose encore plus aujourd'hui qu'il y a 30 ans. Il faut nécessairement en actualiser la portée.

La Commission O'Leary a eu gain de cause sur le principe de la publicité canadienne dans les magazines étrangers, mais elle a été perdante sur ce que plusieurs tenaient pour le vrai problème : la présence de *Time* et de *Reader's Digest* au Canada.

Le sénateur Davey a reconnu dans son rapport[27] que *Time* et *Reader's Digest* « (avaient) fait des efforts réels pour devenir des membres estimés de l'industrie canadienne des périodiques et continué de prospérer ». Le rapport ajoutait : « Il n'y a pas de doute que les deux magazines sont d'honnêtes citoyens du milieu des affaires. »

---

[27] *Rapport du Comité spécial du Sénat sur les médias*, présidé par le sénateur Keith Davey. Ottawa : Imprimeur de la Reine, 1970.

Le Comité Davey a soutenu qu'il serait contraire au caractère du Canada de chasser *Time* et *Reader's Digest* après qu'ils aient fait affaires ici, « avec flair et excellence », pendant près de trente ans, mais il a néanmoins recommandé de révoquer l'exemption des deux magazines.

Le gouvernement n'a donné suite à cette recommandation qu'en 1975 lorsqu'il a introduit le projet de loi C-58. Après l'adoption du projet de loi, *Reader's Digest* a créé en juin 1976 une fondation canadienne qu'il a investie de 75 p. 100 de la propriété du *Digest* et de son édition en langue française, *Sélection du Reader's Digest*.

Time, par contre, a fermé son bureau canadien en 1976. Bien qu'il ait virtuellement passé le Canada sous silence dans les pages de son magazine, *Time* a continué de vendre de l'espace aux annonceurs souhaitant atteindre le public canadien. Tant et si bien qu'en 1989, il a affiché pour l'ensemble de ses entreprises canadiennes des recettes publicitaires de 19 millions de dollars, soit environ 3 p. 100 du total des recettes publicitaires des magazines canadiens cette année-là.

Prétendre revenir plus de 30 ans en arrière serait pour le moins naïf. Ayant accepté que *Time* et *Reader's Digest* prennent place dans l'industrie canadienne, le Canada ne peut pas maintenant revenir en arrière. Comme l'a admis avec difficulté le sénateur Davey en 1970, ce serait contraire au caractère du Canada.

Le Groupe de travail en est donc venu à la conclusion que les magazines qui seraient autrement tenus d'acquitter la taxe en date du présent rapport devraient être exemptés pour le nombre de numéros par an diffusés au Canada l'année précédant le rapport. Nous croyons comprendre que, dans le cas de *Sports Illustrated Canada*, cela voudrait dire que sept numéros par an seraient exempts de la taxe.

■ ANNEXE 2

INTERVENANTS

Le Groupe de travail sait gré aux particuliers, entreprises et organismes suivants pour les renseignements qu'ils lui ont fournis, par écrit ou de vive voix :

Alberta Culture, Edmonton (Alberta)
Association canadienne des annonceurs, Toronto (Ontario)
Association canadienne de l'imprimerie, Ottawa (Ontario)
Association de la presse agricole, Toronto (Ontario)
Association québécoise des éditeurs de magazines, Montréal (Québec)

Banque fédérale de développement, Montréal (Québec)
Baum Publications, Vancouver (Colombie-Britannique)
Book and Periodical Council, Toronto (Ontario)
Butterworths, Toronto (Ontario)

Canada-wide Magazines, Vancouver (Colombie-Britannique)
Canadian Magazine Publishers Association, Toronto (Ontario)
Cape Breton's Magazine (Nouvelle-Écosse)
CGA Magazine, Vancouver (Colombie-Britannique)
Conférence canadienne des arts, Ottawa (Ontario)
Conseil canadien de la fourrure, Montréal (Québec)
Corporate Communications, Halifax (Nouvelle-Écosse)
Cossette Communications, Toronto (Ontario)

Davey, le sénateur Keith, Toronto (Ontario)
Deacon, Paul, Ottawa (Ontario)
DPL Publishing, Liverpool (Nouvelle-Écosse)

Fondation canadienne de la publicité, Toronto (Ontario)

Institute of Canadian Advertisers, Toronto (Ontario)

Maclean-Hunter Publishing, Toronto (Ontario)
Magazine Alberta Reports, Edmonton (Alberta)
Magazine Beautiful B.C., Victoria (Colombie-Britannique)
Magazine New Maritimes, Halifax (Nouvelle-Écosse)
Magazine Western Living, Vancouver (Colombie-Britannique)
Marketel/McCann-Erickson Ltée, Montréal (Québec)
Masthead Magazine, Toronto (Ontario)
McArthur, Thompson, Law, Halifax (Nouvelle-Écosse)
Moorshead Publications, Toronto (Ontario)

Newman, Peter, Vancouver (Colombie-Britannique)

OP Publishing, Vancouver (Colombie-Britannique)

Palmer, Jarvis Advertising, Vancouver (Colombie-Britannique)
Paul Martel Inc., Montréal (Québec)
Periodical Publishers Association, Toronto (Ontario)
Periodical Writers Association of Canada, Toronto (Ontario)
La Presse spécialisée du Canada, Toronto (Ontario)
Publications Transcontinental Inc., Montréal (Québec)
PULSUS Group Inc., Toronto (Ontario)

Quebecor Printing, Richmond Hill (Ontario)

Reader's Digest, Montréal (Québec)

Société géographique royale du Canada, Ottawa (Ontario)
Southam Magazine Group, Toronto (Ontario)
Southern Ontario Newspaper Guild, Toronto (Ontario)
Stratégie Créativité BCP, Montréal (Québec)
Syndicat international des communications graphiques,
    succursale N-1, Richmond Hill (Ontario)

Telemedia, Toronto (Ontario)
The League of Canadian Poets, Toronto (Ontario)
Time Canada Inc., Toronto (Ontario)

Writers Guild of Alberta, Edmonton (Alberta)
Writers' Union of Canada, Toronto (Ontario)

ANNEXE 3

MANDAT DU
GROUPE DE TRAVAIL

Cet examen des mesures d'aide à l'industrie canadienne des périodiques vise à proposer d'autres mesures qui permettront au gouvernement de réaliser son objectif politique d'assurer aux Canadiens l'accès à de l'information et à des idées canadiennes par le truchement de périodiques véritablement canadiens.

La responsabilité de l'examen est confiée à un groupe de travail dirigé par deux coprésidents expérimentés, qui adresseront directement leurs recommandations au gouvernement.

Ils seront secondés par des consultants bénévoles représentant les éditeurs de périodiques, les annonceurs et les consommateurs canadiens.

Depuis 1965, le gouvernement a aidé l'industrie canadienne des périodiques en adoptant deux mesures législatives visant à assurer aux périodiques canadiens suffisamment de recettes publicitaires. Le Groupe de travail a pour mandat de recommander des moyens d'actualiser ces mesures et d'en suggérer d'autres adaptées aux objectifs du gouvernement face au progrès technologique et aux nouvelles réalités de l'économie et de la réglementation à l'échelle internationale.

Le Groupe de travail soumettra ses recommandations quant aux nouvelles mesures destinées à soutenir l'industrie canadienne des périodiques au plus tard à la fin de 1993, mais pourra présenter des rapports provisoires en tout temps d'ici-là.

I.   **Évaluation du marché de l'édition canadienne de périodiques**

   • La situation actuelle de l'industrie canadienne des périodiques et la structure de son marché;

   • le marché canadien de la publicité et son importance pour l'industrie de l'édition des périodiques;

   • les répercussions de l'évolution des technologies sur l'industrie canadienne des périodiques;

   • l'importance de l'industrie canadienne des périodiques pour la vie sociale, économique et culturelle du Canada;

- l'industrie canadienne des périodiques face à l'évolution de la réglementation, des conditions du commerce et des marchés internationaux.

II.   Examen des mécanismes actuels

- Comment l'application de l'article 19 de la *Loi de l'impôt sur le revenu* et du code tarifaire 9958 peut continuer de contribuer à l'atteinte des objectifs du gouvernement face à l'évolution des technologies.

III.   Vers de nouveaux appuis

- Les mécanismes politiques qui prévalent dans d'autres secteurs culturels et qui pourraient être mis en place pour l'industrie des périodiques, tels ceux qui régissent les investissements étrangers;

- la recherche de nouvelles mesures qui pourraient être mises en œuvre, à la lumière des problèmes auxquels l'industrie canadienne des périodiques sera vraisemblablement confrontée au cours de la décennie, de sorte que les Canadiens puissent continuer d'avoir accès à de l'information et à des idées canadiennes, par le truchement des périodiques canadiens.

ANNEXE 4

RAPPORT PROVISOIRE DU GROUPE DE TRAVAIL

Le 31 mai 1993

L'honorable Perrin Beatty
Ministre des Communications
Ottawa (Ontario)
K1A 0C8

Monsieur,

En tant que coprésidents du Groupe de travail sur l'industrie canadienne des périodiques, nous sommes heureux de vous présenter un rapport provisoire comportant deux recommandations qui nécessitent une intervention rapide du Gouvernement.

Comme vous le savez, nous avons pour mandat de proposer des mesures pour assurer l'accès aux idées et aux informations canadiennes par l'intermédiaire de périodiques véritablement canadiens, conformément à un objectif stratégique que poursuit depuis longtemps le Gouvernement. Nous avons pris bonne note de vos observations citées dans le *Toronto Star* du 20 avril 1993, où vous dites que « lorsque nous avons établi le Groupe de travail, nous avons bien précisé que nous voulions faire respecter la lettre et l'esprit de la politique dans son entièreté ».

Nos recommandations visent à renforcer l'objectif stratégique du Gouvernement canadien. En outre, elles visent à empêcher que les travaux du Groupe de travail que vous avez nommé compromettent la publication au Canada de périodiques étrangers sollicitant les annonceurs canadiens, ce qui irait à l'encontre de la politique du Gouvernement.

Néanmoins, nous jugeons indispensable que toute mesure que nous recommandons ne limite en rien la liberté de choix ni l'accès actuel des Canadiens à des périodiques du monde entier, soit par abonnement ou par achat en magasin. En effet, nous ne voulons aucunement toucher la liberté de choix ou l'accessibilité aux périodiques étrangers. Nous croyons que les périodiques étrangers sont les bienvenus au Canada mais que leur accès au pays ne devrait pas miner la viabilité de l'industrie canadienne des périodiques.

La première rencontre du Groupe de travail a eu lieu à Toronto. Nous nous sommes également réunis à Ottawa avec des représentants des ministères des Communications, des Affaires extérieures, des Finances, de la Justice et du Revenu ainsi que d'Investissement Canada.

Les deux recommandations du présent rapport provisoire découlent de ces réunions et de l'analyse des renseignements disponibles.

Depuis près de 30 ans, conformément aux recommandations de la Commission royale d'enquête O'Leary, le Gouvernement canadien a pour politique de ne pas permettre les éditions dédoublées ou éditions régionales « canadiennes » de périodiques étrangers contenant des annonces destinées au marché canadien. Il vise ainsi à protéger l'existence de périodiques véritablement canadiens. De fait, les deux mesures législatives qui appuient cette politique (le code tarifaire 9958 et l'article 19 de la *Loi de l'impôt sur le revenu*) ont manifestement pour but d'empêcher les périodiques étrangers de drainer l'argent des annonceurs canadiens.

Nous croyons savoir que la première édition régionale « canadienne » de *Sports Illustrated (SI)* a recueilli environ 250 000 $ auprès des annonceurs canadiens. À ce rythme, les six éditions canadiennes projetées de *SI* draineront 1,5 million de dollars. Et si l'éditeur publiait les 52 numéros de la revue avec des annonces canadiennes, la ponction pourrait être encore plus douloureuse. Pour mettre les choses en perspective, signalons qu'en 1991 les profits de l'ensemble de l'industrie canadienne des périodiques s'élevaient à 18 millions de dollars. Toutefois, il ne s'agit pas ici de protéger les profits des périodiques canadiens, mais d'assurer la survie même d'une industrie fragile.

La publication de l'édition canadienne de *Sports Illustrated* a montré que le code tarifaire 9958 peut maintenant être contourné grâce aux progrès technologiques qui permettent de transmettre par voies électroniques le contenu éditorial de périodiques étrangers pour l'imprimer ici au Canada. Dans ces conditions, il se pourrait bien que d'autres éditeurs de périodiques soient tentés de réutiliser leur contenu éditorial étranger pour des éditions canadiennes, drainant ainsi les recettes publicitaires canadiennes et posant une sérieuse menace à la viabilité de l'industrie canadienne des périodiques.

Les Canadiens et les éditeurs canadiens de périodiques auraient davantage confiance aux efforts du Groupe de travail s'ils savaient qu'au cours des prochains mois de délibérations du Groupe, cette menace ne pèse plus sur l'industrie canadienne. Faute d'une intervention rapide du Gouvernement, les éditeurs étrangers pourraient croire qu'ils peuvent produire des éditions dédoublées ou régionales d'autres titres d'ici la fin de 1993. L'industrie des périodiques et de la publicité est convaincue que certains périodiques canadiens feraient faillite si cela se produisait.

Les présentes conclusions reposent nécessairement sur un examen préliminaire. Le Groupe de travail est en train de mener des études économiques consciencieuses sur l'industrie et sur les répercussions du financement des périodiques étrangers via les annonceurs canadiens. Toutefois, nous possédons déjà assez d'information pour savoir que la situation présente une menace sérieuse, exigeant la prise de mesures immédiates par le Gouvernement.

Recommandation n° 1

La première recommandation du Groupe de travail est que le Gouvernement réaffirme, publiquement et en termes clairs, ses objectifs stratégiques depuis longtemps établis à l'égard de l'industrie canadienne des périodiques, en mentionnant particulièrement les éditions dédoublées ou les éditions régionales « canadiennes » vendues au Canada avec des publicités destinées principalement à un public canadien.

Cette déclaration devrait reformuler les objectifs du Gouvernement à l'égard de l'industrie des périodiques de façon à tenir compte de l'évolution de la technologie depuis l'établissement de la politique en la matière il y a près de 30 ans. Elle servirait de base à l'examen des nouveaux investissements conformément à la *Loi sur Investissement Canada*, dont le paragraphe 20(e) exige « la compatibilité de l'investissement avec les politiques nationales en matière industrielle, économique et culturelle qu'a énoncées le Gouvernement ou la législature... »

Le Groupe de travail recommande que cette déclaration stratégique publique aborde les points suivants :

- La volonté du Gouvernement canadien d'assurer l'accès des Canadiens aux idées et aux informations canadiennes par l'intermédiaire de périodiques véritablement canadiens, sans restreindre la vente des périodiques étrangers au Canada.

- Une industrie canadienne viable doit s'appuyer sur des assises financières sûres. Il faudrait réaffirmer l'objectif visé par les instruments de la politique gouvernementale depuis longtemps établis, consistant à encourager les annonceurs à financer les périodiques canadiens.

- Le Gouvernement devrait réitérer que l'esprit de sa politique pour les périodiques devrait demeurer le même, malgré l'évolution technologique qui limite la capacité de protéger entièrement l'industrie canadienne au moyen des instruments existants.

- Le Gouvernement canadien devrait clairement indiquer que sa politique empêche l'établissement d'éditions dédoublées ou d'éditions régionales « canadiennes » de périodiques étrangers contenant des annonces destinées au marché canadien, quel que soit le lieu où ils sont imprimés.

Notre mandat nous invite à recommander les meilleurs instruments possibles pour atteindre cet objectif stratégique du Gouvernement. La question sera étudiée plus en détail dans notre rapport final. Entre temps, nous avons identifié un secteur qui, nous croyons, peut mériter une intervention immédiate du Gouvernement.

Recommandation n° 2

Il faudrait amender les *Lignes directrices à l'égard des entreprises liées*, établies conformément à la *Loi sur Investissement Canada*, pour préciser le statut des magazines ou des périodiques qui n'ont pas encore été publiés au Canada. Cet amendement devrait indiquer qu'un investissement étranger liés à la publication ou à la vente de magazines ou de périodiques non encore publiés au Canada serait considéré comme un investissement dans la création d'une nouvelle entreprise et non comme un investissement visant l'expansion d'une entreprise existante. Ainsi, ce type d'investissement devrait être notifié et examiné en vertu de la *Loi* et conformément à la politique du Gouvernement.

Investissement Canada n'a pas rendu public les détails de son jugement sur *Sports Illustrated*, se contentant de citer l'article 36 de la *Loi*, mais il semblerait qu'il ait considéré que l'investissement dans la création de l'édition canadienne de *Sports Illustrated* n'était pas sujet à un examen. L'investissement en question a apparemment été considéré comme un investissement pour l'expansion d'une activité commerciale existante plutôt que comme un « nouvel investissement commercial », étant donné que Time Warner publie déjà une édition canadienne de la revue *TIME* par l'intermédiaire de sa filiale, Time Canada Inc.

Le libellé actuel des *Lignes directrices à l'égard des entreprises liées*, qui s'appliquent à tous les secteurs, établit qu'« une nouvelle activité commerciale entreprise par un investisseur est considérée comme l'expansion des activités commerciales et non comme la constitution d'une entreprise si la nouvelle activité donne lieu à la production de biens ou de services qui sont essentiellement identiques aux biens et services produits par l'entreprise déjà établie... »

On aurait pu faire valoir que *Sports Illustrated* n'était pas « essentiellement identique aux biens et services produits par l'entreprise déjà établie » c'est-à-dire pas essentiellement identique au magazine TIME publié par Time Canada Inc. Par conséquent, avec les lignes directrices actuelles, Investissement Canada aurait pu traiter le cas de *Sports Illustrated* différemment. Notre recommandation vise donc à clarifier ces lignes directrices applicables aux périodiques de façon à prévenir des situations comme celle qui vient de se produire, en jetant les bases voulues pour un examen par Investissement Canada. Seul l'établissement d'une nouvelle entreprise, et non l'expansion d'une entreprise existante, est susceptible d'être notifié et examiné en vertu de la *Loi*.

Sans clarification, les lignes directrices actuelles d'Investissement Canada n'empêchent aucunement un éditeur de magazines ou de périodiques d'élargir ses activités dans le marché canadien. Les répercussions de cette expansion sur l'industrie canadienne des périodiques, déjà fragile, pourraient être catastrophiques. La société Time Warner, par exemple, publie 23 titres différents, dont *People, Entertainment Weekly, Fortune, Money, Life* et *Sports Illustrated for Kids*. Elle a publié une édition australienne de *Sports Illustrated* mais ce, sans succès; elle publie actuellement, avec un succès considérable, une version australienne de la revue *People*. Ces activités montrent son intention de diffuser le plus largement possible certains de ses 23 titres ou l'ensemble de ceux-ci.

À notre avis, l'amendement que nous proposons d'apporter aux lignes directrices n'irait pas à l'encontre des obligations commerciales internationales du Canada.

Cette deuxième mesure pourrait être mise en vigueur immédiatement, étant donné qu'elle exige uniquement l'intervention du ministre responsable de la *Loi sur Investissement Canada,* conformément à l'article 38 de la *Loi.*

Cette recommandation n'est pas destinée à s'appliquer aux six numéros déjà annoncés de *Sports Illustrated.* Toutefois, étant donné la portée du mandat du Groupe de travail, nos recommandations finales pourraient bien viser l'avenir de l'ensemble des périodiques étrangers au Canada, y compris de *Sports Illustrated.*

En tant que coprésidents du Groupe de travail, nous croyons qu'une intervention rapide du Gouvernement, concernant les deux recommandations présentées, est indispensable.

Si vous avez des questions, nous nous ferons un grand plaisir de vous rencontrer, vous ou un de vos collègues du Cabinet, lorsqu'il vous plaira.

Veuillez agréer, Monsieur, l'expression de nos sentiments les meilleurs.

Les coprésidents du
Groupe de travail
sur l'industrie canadienne des périodiques,

_____   _____
J. Patrick O'Callaghan   Roger Tassé

■ **ANNEXE 5**

RÉACTION DU GOUVERNEMENT
AU RAPPORT PROVISOIRE

C O M M U N I C A T I O N S

N E W S   R E L E A S E   C O M M U N I Q U É

LE 19 JUILLET 1993   POUR DIFFUSION IMMÉDIATE

**Les ministres Jean Charest, Monique Landry et Garth Turner donnent suite au
rapport provisoire du Groupe de travail sur l'industrie canadienne des périodiques**

OTTAWA — Le Vice-premier ministre et ministre désigné de l'Industrie et de la Science,
M. Jean Charest, la secrétaire d'État, ministre des Communications et ministre désignée du Patrimoine
canadien, Mme Monique Landry, et le ministre du Revenu, M. Garth Turner, ont annoncé aujourd'hui
qu'ils donneront suite aux recommandations du rapport du Groupe de travail sur l'industrie canadienne
des périodiques.

Le rapport provisoire, qui a été rendu public aujourd'hui, contient deux recommandations.

La première précise que «le gouvernement réaffirme, publiquement et en termes clairs, ses
objectifs stratégiques depuis longtemps établis à l'égard de l'industrie canadienne des périodiques, en
mentionnant particulièrement les éditions dédoublées ou les éditions régionales ‹canadiennes› vendues
au Canada avec des publicités destinées principalement à un public canadien.»

La deuxième recommandation veut que soient modifiés «les *Principes directeurs à l'égard des
entreprises liées,* établis conformément à la *Loi sur Investissement Canada*, pour préciser le statut des
magazines ou des périodiques qui n'ont pas encore été publiés au Canada.»

Disponible, sur demande, en braille, en gros caractères, sur audiocassette ou sur disquette (613) 990-4842.

Malentendants : (ATME) (613) 998-3750.

Information Services / Direction de l'information ▪ 300 Slater Street / 300, rue Slater ▪ Ottawa K1A 0C8 ▪ (613) 990-4900

Regional offices / Bureaux régionaux: Moncton (506) 857-6525 / Montréal (514) 283-2307 / Toronto (416) 973-8215 / Winnipeg (204) 983-4391 / Vancouver (604) 666-5468

▮◆▮ Communications
Canada   Canadä

- 2 -

Commentant la première recommandation, Mme Landry a résumé les objectifs stratégiques du gouvernement concernant l'industrie : «Le gouvernement réaffirme son engagement quant à la protection des assises financières de l'industrie canadienne des périodiques, qui constitue un élément vital de l'expression culturelle canadienne, a-t-elle souligné. Afin d'atteindre cet objectif, le gouvernement continuera à avoir recours aux instruments stratégiques qui favorisent la canalisation des recettes publicitaires vers les périodiques canadiens et découragent la création d'éditions dédoublées ou d'éditions régionales ‹canadiennes› dont la publicité vise notre marché. Le gouvernement s'est engagé à ce que les Canadiens aient accès aux idées et à l'information canadiennes par l'intermédiaire de périodiques authentiquement canadiens, sans restreindre la vente de périodiques étrangers au Canada.»

Quant à la deuxième recommandation, M. Charest a déclaré : «Depuis le jour où elle a été adoptée, la *Loi sur Investissement Canada* a reconnu que les industries culturelles canadiennes jouent un rôle spécial dans la vie du pays. Je veux aujourd'hui clarifier les *Principes directeurs à l'égard des entreprises liées* établis conformément à la loi concernant les investissements dans le secteur des périodiques. Un investissement dans un périodique par un non-Canadien exploitant déjà une entreprise au Canada est considéré comme un investissement visant à créer une nouvelle entreprise et non comme l'expansion d'une entreprise déjà existante. De tels investissements font l'objet d'une notification et d'un examen en vertu de la *Loi sur Investissement Canada*.»

Les *Principes directeurs à l'égard des entreprises liées* de juillet 1993, ne sont pas rétroactifs, et n'auront donc aucune répercussion sur *Sports Illustrated Canada*.

Les deux ministres ont expliqué que, comme l'avait souligné le Groupe de travail, cette mesure n'est pas suffisante en elle-même pour atteindre les objectifs stratégiques du gouvernement concernant l'industrie canadienne des périodiques à une époque de changements technologiques et économiques rapides. M. Turner a toutefois fait remarquer que les dispositions de l'article 19 de la *Loi de l'impôt sur le revenu* et le numéro tarifaire 9958 du *Tarif des douanes* continueraient de s'appliquer pour soutenir l'industrie canadienne des périodiques. Les ministres ont dit espérer recevoir d'autres recommandations du Groupe de travail.

Ils ont également mis l'accent sur le fait que «si des éditeurs étrangers devaient décider, au cours des travaux du Groupe de travail, d'entreprendre une nouvelle activité dans le domaine de l'édition au Canada qui viendrait enfreindre ou contourner les objectifs stratégiques du gouvernement relatifs à l'industrie des périodiques, ils le feraient à leurs risques et périls».

- 3 -

En 1991, l'industrie canadienne de l'édition de périodiques employait directement 6 400 personnes. En outre, elle est à la source de milliers d'emplois indirects dans les domaines de la rédaction, les arts graphiques, la photographie, l'impression et dans d'autres disciplines connexes. Bien que cette industrie soit culturellement florissante, avec plus de 1 500 titres provenant de 1 099 éditeurs, sa situation financière était précaire en 1991, alors que ses bénéfices globaux avant impôts ne représentaient que 2 % de ses recettes totales.

La publicité constitue la principale source de revenus pour la plupart des périodiques canadiens et représentait 65 % des recettes totales de l'industrie en 1991. Toutefois, alors que les recettes de publicité sur le marché canadien, pour l'ensemble des médias, augmentaient de 21 % en dollars constants entre 1981 et 1991, les recettes publicitaires des périodiques ont diminué de 25 %. La part des recettes publicitaires globales dirigée vers l'industrie des périodiques est passée de 10 % à 6 % pendant la même période.

- 30 -

Personne-ressource :

Gérard Desroches
Services d'information
Ottawa (Ontario)
(613) 990-4827

Déclaration du gouvernement relative aux objectifs stratégiques concernant l'industrie canadienne de l'édition de périodiques

Les périodiques canadiens constituent un élément vital de l'expression culturelle canadienne. Ils permettent, selon le Rapport de la Commission royale d'enquête sur les publications, communément appelée Commission O'Leary (1961) «...l'analyse critique, le discours informé et le dialogue indispensables à une société souveraine.»

Le gouvernement réaffirme son engagement quant à l'objectif stratégique depuis longtemps établi visant à protéger les assises financières de l'industrie canadienne des périodiques. Afin d'atteindre cet objectif, le gouvernement a recours à des instruments stratégiques qui favorisent la canalisation de recettes publicitaires vers les périodiques canadiens, compte tenu qu'une industrie canadienne des périodiques doit, pour être viable, s'appuyer sur des assises financières sûres.

Les éditions dédoublées ou les éditions régionales «canadiennes» de périodiques étrangers dont la publicité vise le marché canadien ne sont donc pas conformes à cette politique, les recettes de cette publicité étant dirigées vers les éditions de titres étrangers.

Le gouvernement s'est engagé à assurer aux Canadiens l'accès aux idées et à l'information canadiennes par l'intermédiaire de périodiques authentiquement canadiens, sans restreindre la vente des périodiques étrangers au Canada. Par conséquent, le gouvernement continuera à recourir aux instruments stratégiques existants ou à toute autre mesure qu'il pourrait adopter en vue d'atteindre ces objectifs.

MINISTER RESPONSIBLE
FOR INVESTMENT CANADA

MINISTRE RESPONSABLE
D'INVESTISSEMENT CANADA

INVESTMENT CANADA

INVESTMENT CANADA ACT

Related-Business Guidelines, July 1993

The following Related-Business Guidelines, July 1993, are issued by the Minister of Industry, Science and Technology as Minister responsible for the administration of the Investment Canada Act ("the Act"), under the authority of section 38 of the Act.

The following heading and paragraph are added after the heading "*Expansion of an Existing Business*" in the Related-Business Guidelines, for clarification purposes:

"*Publication, Distribution or Sale of Magazines or Periodicals*

Notwithstanding any other provisions of these guidelines, where a business activity is in the publication, distribution or sale of magazines or periodicals in print or machine readable form, an investment by a non-Canadian to, directly or indirectly, publish, distribute or sell a magazine or periodical in print or in a machine readable form in Canada, whether or not the non-Canadian, directly or indirectly, already publishes,

INVESTISSEMENT CANADA

LOI SUR INVESTISSEMENT CANADA

Principes directeurs à l'égard des entreprises liées, Juillet 1993

Les Principes directeurs à l'égard des entreprises liées, Juillet 1993 suivants sont établis par le ministre de l'Industrie, des sciences et de la technologie et ministre chargé de l'application de la Loi sur Investissement Canada (la "Loi"), en vertu de l'article 38 de la Loi.

Le titre et le paragraphe suivants sont ajoutés après le titre "*Expansion d'une entreprise déjà établie*" dans les Principes directeurs à l'égard des entreprises liées, pour fin de clarification:

"*Publication, distribution ou vente de revues ou de périodiques*

Nonobstant toutes autres dispositions des présents principes directeurs, lorsqu'une activité commerciale consiste en la publication, la distribution ou la vente de revues ou de périodiques sous forme imprimée ou assimilable par une machine, un investissement par un non-Canadien pour, directement ou indirectement, publier, distribuer ou vendre au Canada une revue ou un périodique sous forme imprimée ou assimilable par une

distributes or sells, in print or in machine readable form, another magazine or periodical in Canada or the same magazine or periodical in Canada from another country, is deemed to be a new Canadian business and is subject to notification pursuant to section 11 of the Act rather than deemed to be an expansion of an existing business."

Further information is available from the Corporate Secretary and Senior Counsel, Industry and Science Canada, 240 Sparks Street, 5th Floor West, P.O. Box 2800, Station D, Ottawa, Ontario K1P 6A5.

machine, que le non-Canadien, directement ou indirectement, publie, distribue ou vende ou non sous forme imprimée ou assimilable par une machine une autre revue ou un autre périodique au Canada ou la même revue ou périodique au Canada à partir d'un autre pays, est présumé être la constitution d'une nouvelle entreprise canadienne sujette à avis en vertu de l'article 11 de la Loi plutôt que l'expansion d'une entreprise déjà établie."

De plus amples renseignements sont disponibles de: Secrétaire général et avocat-conseil, Industrie et Sciences Canada, 240, rue Sparks, 5e étage ouest, Case postale 2800, Station D, Ottawa (Ontario) K1P 6A5.

Jean Charest
Minister of Industry, Science and Technology / Ministre de l'Industrie, des Sciences et de
la Technologie
Minister responsible for Investment Canada / Ministre responsable d'Investissement
Canada